스마트 소셜 시대, 어떻게 창업할 것인가

1인 기업을 성장시키는 소셜비즈니스 로드맵

스마트 소셜시대, 어떻게 창업할 것인가

윤상진 지음

갈매나무

Contents

제3부　　소셜마케팅

소셜마케팅은 어떻게 진화하고 있는가?

나만의 비즈니스 로드맵을 그리나

죽기 전에 꼭 하고 싶은 일들을 정리한 목록을 '버킷리스트bucket list'라고 한다. 버킷리스트를 정리하면서 우리는 자신의 인생을 돌아보고, 앞으로의 삶에 대한 애착을 다지며 더욱 능동적으로 살겠다는 의욕을 얻는다. 삶의 소중함을 깨달음으로써 인생의 큰 목표를 세우고, 또 그것을 이루기 위해 체계적으로 실천해나가겠다는 동기가 생기는 것이다. 결국 시간을 낭비하지 않게 되어 인생을 좀 더 의미 있게 살아갈 수 있다.

버킷리스트를 작성하며 자신을 객관적으로 돌아볼 수 있는 기회를 얻기도 한다. 전에는 미처 깨닫지 못했던 자신의 장점이나 재능을 찾을 수도 있다. 종이 한 장에 작성한 버킷리스트가 제2의 인생을 살게 해줄 수도 있는 것이다.

대부분의 사람들은 미리부터 죽음을 생각하고 싶어 하지 않는다. 당장 내일에 대한 계획을 세우기도 머리 아프고 그냥 되는 대로 매일을 살아간다. '하루 살아가기도 바쁜데 죽기 전에 뭘 할지 고민하는 게 무슨 소용이란 말인가?'라고 생각하면서 말이다.

인간은 100년도 채 살지 못한다. 100년을 산다 해도 실제 경제활동을 하면서 사회생활을 할 수 있는 기간은 고작해야 40~50년 정도다. 그런데 만약 우리에게 주어진 40~50년을 헛되이 보낸다면 스스로에게 부끄럽지 않을까? 갖고 있는 모든 열정을 불태워 스스로를 빛나게 해야 할 이유가 여기에 있다.

최근 나는 《군주론Il principe》으로 유명한 마키아벨리Niccolò Machiavelli를 다룬 흥미로운 칼럼을 읽었다. 그는 죽음을 앞두고 친구들을 불러 다음과 같은 이야기를 했다고 한다.

"어젯밤에 꿈을 꾸었는데 말이야. 많은 사람들이 무리를 지어 어디론가 가고 있기에 내가 물었지. '당신들은 누구신가요?' 그 사람들의 행색은 정말 남루했다네. 가난에 찌들었고, 삶의 의욕이 없어 보였어. 그들은 '우리들은 천국의 사람들입니다'라고 답하더군. 조금 더 가니 이번에는 멋진 관복을 입고 손에 철학책을 펼쳐들고 있는 사람들이 보였지. 그들 중에는 플라톤도 있고, 타키두스와 플루타코스도 끼어 있더군. 그들은 세상을 변화시키려는 듯 심사숙고하면서 토론에 열중하고 있었다네. 내가 그들에게도 당신들은 누구냐고 물었지. 그랬더니 그 사람들은 '우리는 지옥의 사람들입니다'라고 답했다네. 조금 지나니까 하늘에서 신비한 음성이 들려오더군. '너는 어떤 무리의 사람들과 함께 가고 싶으냐?' 나는 냉큼 대답했다네. '저는 처음 만났던 누더기를 걸친 무리들과 천국에 있기보다는, 차라리 고귀한 영혼들과 국가의 대사를 논하며 지옥에 있기를 원합니다.' 재미있지 않은가?"

— 〈마키아벨리의 유언〉(디지털타임스, 2013년 1월 11일자)

마키아벨리는 친구들에게 '천국과 지옥 가운데 선택할 수 있다면 지옥으로 가겠다'라고 말했다. 왜 그랬을까? 지루한 일상에 안주한 평안한 삶보다는 진취적이고 능동적으로 세상을 바꿔나가는 삶을 살고 싶었기 때문이다. 어쩌면 마키아벨리는 《군주론》에서 우리에게 군주와 같이 주체적인 삶을 살라고 이야기하고 싶었는지도 모른다.

당신은 어떤 삶을 살 것인가? 시간을 허비하면서 그저 그런 삶을 살 것인가? 아니면 능동적으로 개척해나갈 것인가? 당신의 남은 인생은 지금 이 순간의 선택에 달려 있다.

'꿈은 이루어진다'라는 말이 있다. 결코 틀린 말은 아니다. 무언가를 간절히 원하면 보이지 않는 힘이 그 꿈을 이루도록 도와준다는 말도 있다. 물론 원한다고 해서 그냥 이루어지는 것은 아니다. 세상만사 '인과응보', '기브 앤 테이크'다. 내 모든 열정을 다해 노력하고 내 할 도리를 다하며 간절히 원한다면 꿈은 이루어진다. 반대로 노력하지 않고 준비도 되어 있지 않으면 기회가 와도 놓쳐버릴 수밖에 없다.

주체적인 삶을 살기 위해 먼저 무엇을 해야 할까? 버킷리스트를 작성하듯 내 인생의 로드맵을 작성해야 한다. 나의 꿈, 내가 원하는 것, 미래의 나의 모습을 구체적으로 작성해보자. 1년 후, 5년 후, 10년 후, 20년 후, 30년 후, 40년 후, 50년 후에 이루고 싶은 것을 정리해나가다 보면, 나의 미래에 대한 로드맵을 작성할 수 있다(아래 표는 2010년 10월에 작성했던 나의 인생 로드맵이니 참고해도 좋다).

▼ 구체적인 로드맵을 정리하다 보면 인생의 목표가 보일 것이다.

인생	목표	목표 달성을 위한 세부 계획	고려사항 (장애요소)
현재의 나	1975년생, 2010년 10월 현재 36세 중견 IT 기업에서 서비스 기획 업무 담당, 개인 블로그 운영		
1년 후	– IT 전문가 되기	– IT 전문 블로그 활발히 운영 – 강의 및 저술 활동 진행 – 대학원 졸업(경영학 석사 학위 받기)	– 대학원 학자금
3년 후	– 하고 싶은 일 하기 – 창업	– 바이럴 마케팅 대행사 창업 – 수익모델 개발 – 수익모델 다각화	– 창업 자금 마련
5년 후	– 즐겁게 일하기 – 법인 설립	– 사업 아이템 구체화 – 협업 파트너십 구축 – 투자자 영입	– 인간관계의 어려움
10년 후	– 돈 걱정 없이 여유롭게 일하기 – 사업 안정화	– 안정적인 매출이 발생하는 수익모델(캐시카우Cash Cow) 발굴 – 역량 있는 직원 채용으로 사업 규모 확대	– 안정적 수익모델 발굴의 어려움
20년 후	– 풍요로운 노년 준비 하기	– 노년 준비에 필요한 충분한 자금 마련 – 안정적 회사 운영으로 풍족한 생활비 조달	– 은퇴 이후 회사에서의 포지션

이렇게 작성된 로드맵은 인생의 나침반이 되어줄 것이고, 힘들고 방황할 때 나를 지탱해주는 든든한 버팀목이 되어준다. 방향을 잃고 헤맬 때, 짙은 안개 속에서 한 치 앞도 볼 수 없을 때, 어디로 가야 할지 모를 때 훌륭한 이정표가 되는 것이다. 무엇보다 인생의 로드맵을 구체적으로 정해놓으면 실제로 그렇게 실현될 가능성도 커진다. 그러므로 인생의 로드맵은 자주 꺼내봐야 한다. 자신이 제대로 가고 있는지 수시로 체크하고 더 좋은 길이 있다면 방향을 바꾸어 수정도 해야 한다.

오래전부터 나에게는 나이 마흔이 되기 전에 내 힘으로 독립해서 사업을 시작하겠다는 목표가 있었다. 마흔이라는 나이는 나에게 마지노선과도 같았다. 직장 생활을 하면서도 그 목표는 절대 잊지 않았다. 어떻게 하면 그 목표를 이룰 수 있을 것인가에 집중하고 준비했다. 결국 나는 마흔이 되기 전에 독립할 수 있었고 아직까지는 먹고사는 데 부족함이 없을 정도는 벌고 있다.

누구의 인생이든 간절히 원하는 게 있으면 반드시 이루어진다. 하지만 무턱대고 원하기만 한다고 될 일은 아무것도 없다. 목표와 실행계획을 구체적으로 잡고 노력해야 한다. 누구에게나 인생에서 세 번의 기회가 온다고 한다. 그런데 정작 기회가 왔는데 잡지 못한다면 내 인생에게 너무 미안하지 않겠는가?

이 책은 '깜냥이의 웹2.0 이야기!' 블로그 운영자인 '깜냥', 소셜마케팅 전문 기업 '와이드커뮤니케이션즈' 대표인 윤상진, 바로 나 자신의 다양한 경험을 바탕으로 썼다. 지금 현재 깜냥 윤상진이 비즈니스에서 성공했다고 말할 수는 없다. 오히려 고전하고 있다는 말이 맞을지도 모른다. 하지만 2011년에 창업한 이후 나는 지금까지 사업체를 유지하고 있다. 나라는 사람은 지극히 평범한 사람이고 내가 하는 사업 역시 특별할 것이 전혀 없다.

나는 메타블로그이자 블로그 언론인 '블로그와이드(blogwide.kr)'를 운영하고 있으며, 체험단 운영 대행, 소셜마케팅 대행 등의 비즈니스를 하고 있다. 부끄러운 이야기이지만 비즈니스 모델로서는 차별화될 것이 아무것도 없다. 한때 메타블로그가 각광받았던 적도 있었지만 지금은 한물간 비즈니스 모델로 전락했고, 요즘 1인 기업이다 스타트업이다 뭐다 해서 창업한다고 하면 소셜마케팅 대행 사업은 기본으로 들어갈 정도로 진입장벽이 낮고 경쟁 또한 치열한 상황이다. 한마디로 레드오션 비즈니스 영역에 뛰어든 셈이다.

이렇게 특별할 것 하나 없는 평범한 사람이 무자본으로 인맥도 없이 그야말로 아무것도 없이 시작해서 어떻게 지금까지 사업체를 유지하면서 아내와 첫째 다현, 둘째 승후를 먹여 살릴 수 있었을까? 그것은 바로 비즈니스를 '스마트 소셜 시대'의 관점에 맞춰 해왔기 때문이다.

평범한 사람이라 하여 배울 게 전혀 없는 것은 아니다. 오히려 지극히 평범해서 대한민국 5천만 국민 중 한 사람인 당신과 다를 게 전혀 없는 사람의 이야기가 더 도움이 될 수 있다. 내 옆집에 사는 이웃의 사업 이야기를 듣는다면 공감도 더 많이 가고 나도 할 수 있다는 자신감을 얻을 수 있지 않을까? 내 주변에서 나와 비슷하게 살아가는 듯 보여도 성실히 목표를 향해 가는 사람의 이야기는 매너리즘에 빠져 현실에 안주하는 어떤 이들에게 확실한 동기부여가 될 수 있다.

똑똑하고 잘난 사람들의 사업 성공담은 기상천외하고 반전이 있어 재미있을지 몰라도 현실에 적용하기 쉽지 않다. 뜻하지 않게 운이 따라 성공하는 경우도 더러 있다. 그러나 운이라는 것이 누구에게나 오는 건 아니기 때문에 그런 이들의 성공담은 오히려 다른 사람의 의지를 꺾을 수도 있다.

이 책은 총 6부로 구성되어 있다. 1부에서는 퍼스널 브랜드가 왜 필요한지, 그리고 퍼스널 브랜드를 어떻게 구축하는지에 대한 내용을 담았다. 2부에서는 성공적인 창업에 이를 수 있는, 혹은 성공하지는 못하더라도 실패 없이 창업하는 방법에 대한 나의 실제 사례를 소개했다. 더불어 내가 경험하고 느끼고 터득한 '인사이트insight', 즉 나만의 통찰을 담았다. 3부와 4부, 5부에서는 스마트 소셜 시대에서 마케팅하고 영업하고 협업하는 방법에 대해 알아보려 한다. 마지막으로 6부에서는 현실적으로 성공하고 성장하기 위한 비즈니스 방법에 대해 전반적으로 살펴볼 것이다.

나는 이 책에 나의 모든 비즈니스 경험과 노하우, 인사이트를 담았다고 자부한다. 이 책을 통해 배운 것들을 상황에 맞게끔 바꾸고 고쳐서 자신의 비즈니스에 접목하여 활용해보길 권한다. 직접 비즈니스를 하다 보면 많은 고민들과 부딪치게 될 것이다. 그 고민의 해법을 먼저 부딪쳐본 사람의 경험담을 통해 유추해낼 수 있다면 얼마나 좋겠는가? 어쩌면 비즈니스를 하면서 많은 고민을 해온 나의 사례를 책으로 접하고 비슷한 고민 자체를 하지 않을 수도 있다. 어렵고 힘든 길, 피할 수 있다면 피하는 것도 나쁘지 않다.

이 책은 스마트한 소셜마케팅과 비즈니스를 이룰 수 있는 방법에 대한 폭넓은 인사이트를 담고 있기 때문에, 비즈니스를 하고 있거나 혹은 비즈니스를 시작하는 사람들에게 많은 도움을 줄 수 있을 것이라 확신한다. 앞에서도 밝혔지만 나 또한 아직 완성 단계에 도달하지 못했다. 한참 고민 많은 초보 사업가일 뿐이다. 그래서 더욱 여러분과 공감하고 공유할 수 있는 이야기가 많다. 같이 고민해보자. 그리고 성공으로 이르는 길을 진솔하게 모색해보자.

트레이닝복 차림으로 매일 유모차를 끌고 나오는 아빠이자 옆집에 사는 평범한 아저씨인 좌충우돌 깜냥 윤상진의 비즈니스 이야기가 지금 시작된다. 바야흐로 모두가 스마트한 이 세상에서 하루 종일 '로그인' 상태인 고객들을 어떻게 사로잡고 어떻게 비즈니스를 해나가야 하는지 궁금하지 않은가? 깜냥 윤상진의 생생한 경험담을 통해 스마트 소셜 시대의 비즈니스를 영위해나가는 데 필요한 인사이트를 얻을 수 있기를 바란다.

2014년 2월, 윤상진

내가 브랜드가 된다고? 퍼스널 브랜드가 정확히 무엇인지 모른다 해도 상당히 매력적으로 들리는 말이다. 나 자신이 브랜드가 되면 좋을 것 같다. 그런데 뭘 어떻게 해야 하는지 감이 오지 않는다. 사실 브랜드는 다른 누가 만들어주는 것이 아니다. 바로 나 자신이 만드는 것이다. 우리가 소셜미디어를 만나면서 퍼스널 브랜드 만들기는 예전에 비해 무척 쉬워졌다. 간단하다. 그저 소셜미디어에서 자신에 대해 이야기하면 된다. 1부에서는 퍼스널 브랜드란 무엇인지 알아보고, '깜냥 윤상진'이 어떻게 퍼스널 브랜드를 구축해냈는지 살펴보자. 이를 통해 퍼스널 브랜드 구축에 대한 인사이트를 얻을 수 있을 것이다.

제1부

퍼스널 브랜딩

나를 세상에 드러내는 것이 시작이다

퍼스널 브랜드란 무엇인가?

• • •

요즘 주위에서 '퍼스널 브랜드personal brand'라는 말이 자주 들린다. 연예인도 아니고 일반인들이 브랜드를 갖게 되었다는 것인데, 자신이 브랜드가 되었다고 자랑하는 것도 어색하고 아무도 인정해주지 않는데 혼자 우기는 것 같아 쑥스러울 수도 있다. 더군다나 사람이 브랜드가 될 수 있는지조차도 혼란스럽다.

일반적으로 브랜드는 상품이나 서비스를 대표하는 이미지를 의미한다. 브랜드의 정의를 퍼스널 브랜드에 대입해보면 '사람을 대표하는 이미지' 정도로 정의할 수 있다. 이렇게 놓고 본다면 퍼스널 브랜드란 특별한 그 무엇이 아니라, 오히려 누구나 갖고 있는 보편적인 것이 아닐까? 누구나 그 사람을 대표하는 이미지는 있게 마련이니 말이다. 그런데 이렇게 퍼스널 브랜드라는 것이 누구나 갖고 있는 것이고 보편적인 것이라면 굳이 구축해야 할 이유가 있을까?

물론이다. 퍼스널 브랜드, 즉 사람을 대표하는 이미지는 누구에게나 있는 것이지만 나만 훌륭하고 뛰어나다 해서 세상 사람들이 가만히 있는 나를 알아주지 않는다. 나의 이미지를 포장하고 알리는 작업이 필요하다. 이러한 작업을 '퍼스널 브랜딩personal branding'이라고 한다. 사실 알게 모르게 우리는 퍼스널 브랜딩을 해오고 있다. 당신은 현재 하고 있는 일, 하고 싶은 일, 회사 이야기 등을 블로그, 페이스북, 트위터에 올리고 있는가? 그렇다면 의도하지는 않았더라도 많은 사람들이 당신을 생각할 때 떠오르는 이미지가 한두 개로 압축될 것이다. 이게 바로 퍼스널 브랜드다.

'나'를 마케팅하라

여러 가지 목적이 있겠지만 결국 소셜미디어를 비즈니스에 이용한다는 것은 마케팅 홍보 효과를 얻기 위해서이다. 하지만 이렇게 마케팅적인 측면으로만 접근해서는 효과를 보기는커녕 역풍을 맞기 십상이다. 왜일까? 그건 바로 사람들과의 신뢰 관계가 구축되지 않았기 때문이다. 사람들은 같은 정보라도 누가 추천하고 소개했느냐에 따라 다르게 반응한다. 인지도 있는 사람이 추천한 것과 소위 '듣보잡('듣지도 보지도 못한 잡스러운 것'이라는 뜻의 은어)'인 낯선 이가 추천한 것이 같을 리 만무하다. 특히 페이스북과 같이 폐쇄적인 공간에서는 홍보성 글을 남기는 사람에 대한 반응이 차갑기 때문에 본전도 못 건질 확률이 높다. 백날 홍보해봐야 반감만 살 뿐이다.

이런 맥락에서 본다면 소셜미디어상에서 마케팅을 하려면 먼저 신뢰 관계를 구축해야 한다. 여기에서 필요한 것이 바로 퍼스널 브렌딩이다. 퍼스널 브랜딩은 사람들에게 내가 무엇을 하는 사람인지, 무슨 생각을 하면서 살고 있는지, 인생의 철학은 무엇인지를 알리는 과정이 된다.

퍼스널 브랜드 구축에 가장 이상적인 소셜미디어로는 블로그와 페이스북, 트위터가 있다. 블로그가 전문성을 뽐낼 수 있는 미디어라면 페이스북은 우리가 살고 있는 사회의 축소판과 같은 미디어다. 반면 트위터는 흡사 여러 사람이 모여 수다를 떠는 것처럼 짤막한 메시지들이 수없이 쏟아지는 광장 같은 미디어라 할 수 있다. 각 소셜미디어마다 특징과 장단점이 분명하기 때문에 자신의 성향 혹은 목표나 목적에 따라 적절히 선택해서 활용해야 한다.

물론 소셜미디어의 특징이나 장단점은 관점이나 목적에 따라 저마다 다르게 느낄 수 있다. 기업의 관점에서 바라볼 때와 개인의 관점에서 바라볼 때도 다르다. 또한 자신의 성향이나 능력도 소셜미디어를 선택할 때 고려해야 할 매우 중요한 요소이다. 전문적인 글쓰기가 가능하다면 블로그가 맞겠지만 감성적인 글쓰기가 편하다면 페이스북이 적합하다. 딱 하나만 골라서 활동해야 한다는 것은 아니다. 중점적으로 활동할 소셜미디어를 선택하고 다른 미디어들은 보조적으로 활용하면 된다. 최근에는 스마트폰의 대중화로 모바일 커뮤니케이션에 대한 관심이 커지면서 네이버 밴드나 카카오스토리와 같은 모바일 SNS도 인기를 얻고 있다. 이런 미디어들도 퍼스널 브

소셜미디어	특징
블로그	- 개방형 소셜미디어, 텍스트, 이미지, 동영상 등의 모든 콘텐츠를 담을 수 있는 그릇 - 페이스북, 트위터 등의 다른 SNS와 유기적 연계가 가능하여 소셜 허브로 활용 - 경험, 지식, 노하우 등 자신만의 콘텐츠를 체계적으로 정리하고 관리 가능 - 검색엔진에 친화적이어서 네이버, 다음, 구글 등의 검색 결과 노출로 방문자 확보가 용이함
페이스북	- 폐쇄형 소셜미디어, 지인 간의 교류를 목적으로 만들어진 서비스 - 교류와 소통을 통해 관계가 증진되기 때문에 친구 간의 관계가 깊어짐 - 지인 간의 상호작용을 통해 콘텐츠가 확산되는 구조이기 때문에 홍보 효과 탁월 - 개인의 피로도가 급증하고 있는 상황 - 기업의 마케팅 활동에 최적화된 소셜미디어
트위터	- 개방형 소셜미디어, 140자의 단문 메시지로 소통하는 서비스 - 이슈 발생 시 실시간으로 빠르게 확산되기 때문에 전파력이 매우 강한 미디어 - 팔로잉, 팔로우만으로 관계가 맺어지는 구조로 유대감이 약한 특징이 있음
카카오스토리	- 폐쇄형 모바일 SNS, 카카오톡 친구를 중심으로 일상을 공유하는 서비스 - 스마트폰에 연락처가 저장되어 있을 정도로 친밀한 지인을 중심으로 하는 SNS - 스마트폰이 대중화되고 모바일 커뮤니케이션이 보편화되면서 폭발적으로 성장

랜드 구축에 적절히 활용할 필요가 있을 것이다.

　과연 '스마트 소셜 시대'가 되면서 퍼스널 브랜딩을 하기가 훨씬 수월해졌다. '매스미디어 시대'에는 누군가가 나를 발굴해줘야 했다. 엄청난 성공을 거두거나 특정 분야에서 두각을 나타내야만 미디어가 주목했기 때문이다. 하지만 지금은 소셜미디어와 스마트폰을 이용해 누구나 퍼스널 브랜딩을 할 수 있다. 스마트 소셜 시대가 되면서 누구나 일정 수준 이상의 매체력, 미디어파워를 가질 수 있는 환경이 되었기에 가능한 일이다. 이러한 매체력을 이용해 나를 좀 더 많은 사람에게 알릴 수 있게 되었다. 어떻게 보면 퍼스널 브랜딩은 나 자신을 마케팅하는 개념이라 할 수 있다.

대표성을 갖게 된다는 것

• • • •

의도하지는 않았지만, 돌이켜보면 나도 퍼스널 브랜딩을 나름대로 잘해왔다고 생각한다. 브랜드를 구축할 이유도 없고 딱히 그럴 필요가 없음에도 불구하고 몇 년간 꾸준히 무언가에 미쳐 있다 보니 어느새 나만의 브랜드가 구축되었다. 그리고 이렇게 구축된 퍼스널 브랜드는 나를 아주 특별한 존재로 탈바꿈시켰다.

나는 2006년부터 '깜냥이의 웹2.0 이야기!' 블로그를 운영해오고 있다. IT 분야에 몸담고 있는 사람이라면 주기적으로든 검색을 통해서든 방문해본 경험이 있으리라 짐작한다. 내 블로그에 한 번도 방문한 적이 없다고 한다면 그건 필시 신참이거나 IT 분야에 몸담고 있는 사람이 아닌 것이 분명하다. 물론 웃자고 하는 말이니 죽자고 덤비지는 말자.

어쨌든 블로그를 꾸준히 운영해오면서 나를 알아보는 사람들이 많아졌다는 사실은 의심의 여지가 없다. 사람들은 나를 '윤상진'이라는 이름 대신 필명인 '깜냥'으로 기억하고 있고, 또 그렇게 부르고 있다. 이런 호칭과 블로그 문화에 익숙하지 않은 지인들은 블로거들이 나를 '깜냥님'이라고 부르면 손발이 오그라든다고 한다. 사실 블로거가 아닌 사람들이 나를 '깜냥님'이라 부를 때는 내 손발이 오그라들기도 한다. 나는 그래도 좋다. '깜냥'이라 불리고 있다는 사실이 말이다. 그건 퍼스널 브랜드가 구축되었기에 가능한 일이기 때문이다.

사람들은 나를 '깜냥'이라 부르면서 IT 전문가, 특히 웹 전문가로 인식한다. 어떻게 이런 일이 가능해진 걸까? 초야에 묻혀 있던 윤상진이라는 사람에게 도대체 무슨 일이 일어난 것일까?

맹세코 처음부터 퍼스널 브랜드를 구축하겠다는 욕심은 없었다. 아니, 블로그를 처음 시작할 당시 나에게는 퍼스널 브랜드라는 개념 자체가 없었다. 그저 검색을 통해 우연히 방문하게 된 블로그를 보고 나도 이런 것 하나쯤 운영해보고 싶다는 생각에서 시작하게 되었다. 그동안 내가 알고 있던 블로그는 네이버 블로그가 전부였다. 그런데 포털에 구속되지 않고 자체 호스팅 계정에 설치해서 독립적으로 운영하는 형태의 블로그를 보고 나는 그야말로 문화적 충격을 받았다.

그렇게 블로그와의 운명적 만남을 가진 이후 자연스럽게 블로그를 시작했다. 그즈음 가장 '핫'했던 '웹2.0'이라는 키워드를 주제로 삼아 블로그에 새로운 정보들을 채워나갔다. 당시 IT 분야에서 일하고 있었지만 그때의 나에게 '전문가'라는 호칭은 언감생심이었다. 아마 블로그를 하지 않았더라면 여전히 전문가도 아마추어도 아닌 평범한 직장인에 머물렀을 것이다.

블로그를 시작할 무렵에 별다른 목표는 없었다. 단지 세상에 무언가를 이야기하고 싶은 욕구가 꿈틀거렸다. 그렇게 블로그에서 IT 정보를 공유하고 나의 생각을 정리하면서 서서히 지식이 체계화되고 구조화되었다. 가만히 내버려두면 흩어져 없어지고 말았을 생각들이 블로그에 기록되면서 놀라운 힘을 발휘했다. 7년 남짓한 세월 동안 써내려간 1천 400여 개의 글은 이제 나의 재산 목록 1호가 되었다. 이제 '윤상진' 하면 자연스럽게 IT 전문가, 웹 전문가가 떠오르게 되었다.

소셜미디어와 매스미디어의 차이

블로그에는 한계가 있었다. 블로그만으로 무언가를 이루기에는 역부족이었다. 만약 책을 쓰지 않았다면 수많은 블로거들 사이에서 점점 잊혀지고 말았을지도 모른다. 특히나 수준 높은 글과 엄청난 수의 방문자를 자랑하는 파워블로거들이 즐비한 상황에서 '깜냥이의 웹2.0 이야기!' 블로그는 한낱 변방의 블로그일 뿐이었다.

반전은 있었다. 바로 첫 책인 《소셜 웹 사용설명서》(2010, 21세기북스)를 내고 난 후부터다. 책이 나오니 대접이 달라졌다. 변방의 블로거가 아닌 저자로서 대우받았다. 이에 더해 《소셜커머스, 무엇이고 어떻게 활용할 것인가》(2011, 더숲)까지 나오면서 소셜 전문가로서 완전히 자리매김할 수 있었다. 블로그만 운영하고 있었다면 꿈도 꾸지 못할 일이었다.

이를 계기로 삼아 페이스북을 통해 나의 존재를 좀 더 많은 사람들에게 알렸다. 페이스북에서 나에게 호의적인 사람들을 중심으로 많은 사람들과 직접적으로 소통하면서 나를 알리다 보니, IT 분야에 집중되어 있었던 기존 네트워크에서 탈피하여 더 많은 사람들에게 나의 존재를 알릴 수 있었다. 그리하여 IT에 대해서는 전혀 모르는 사람들도 나를 '깜냥님'이라고 부를 지경에 이르렀다.

더군다나 이렇게 한 분야에서 인지도를 얻게 되면 해당 분야에 대한 대표성을 갖게 된다. 예컨대 '피겨' 하면 김연아가 떠오르는 것과 같이 '소셜' 하면 깜냥 윤상진이 떠오를 경우 브랜딩이 아주 잘되었다 할 수 있다.

대표성을 갖게 되면 어떻게 될까? 적어도 그 분야에서만큼은 말그대로 아무도 나를 대체할 수 없는 유일무이한 존재가 된다. 이렇게 퍼스널 브랜딩이 제대로 되면 회사에서도 당신을 어쩌지 못할 정도로 막강한 힘을 발휘할 수 있다. 이건 얼마든지 실제 상황이 될 수 있다. 이렇게 만들어진 브랜드는 누구도 뺏어갈 수 없는 오로지 나만의 것이기에 그 가치가 크다. 내가 브랜드를 활용해 마케팅을 하건, 홍보를 하건, 비즈니스를 하건 중간에 실패하더라도 브랜드는 남는다. 그리고 그 브랜드를 기반으로 또 다른 일을 시작할 수 있다.

퍼스널 브랜딩이라고 해서 거창한 것은 절대 아니다. 내가 원하는 이미지로 대중들이 나를 인식할 수 있도록 만들어가는 과정일 뿐이다. 그러기 위해 자신의 정체성, 혹은 캐릭터를 먼저 만들고 끊임없이 그것을 알리고자 노력해야 한다. 소셜미디어가 매스미디어와 다른 점이 바로 여기에 있다. TV든 라디오든 방송에 한두 번 출연했다고 해서 다 유명해지는 것은 아니다. 지인들이나 조금 알 뿐이고 이마저도 며칠 지나면 금방 잊혀진다. 반면 소셜미디어가 커다란 한방은 부족할지 몰라도 꾸준함의 힘은 매스미디어와 비교할 수가 없다. 가랑비에 옷 적시듯 자신을 조금씩 끊임없이 알리다 보면 당신이 원하는 이미지로 브랜드를 구축할 수 있다. 이는 소셜미디어상의 수많은 우호세력과 함께 집단지성을 발휘할 수 있기 때문에 가능한 일이다.

나를 중요한 사람으로 만들어주다

● ● ●

내가 본격적으로 인터넷과 인연을 맺은 것은 대학교를 졸업하던 2000년 즈음이었다. 전에도 PC통신으로 채팅도 하고 전 세계의 홈페이지를 둘러보면서 안방에서 세계 일주도 했지만 어디까지나 사용자의 입장이었다. 그런데 대학교 부설 사회교육원에서 컴퓨터 교육을 받으면서 내 인생이 달라졌다. 대학교 재학 중에는 토목기사 1급 자격증을 취득하면서 토목이나 건설 분야로 진출할 생각이었다. 하지만 HTML, 웹디자인, 포토샵, 자바 등을 배우는 과정에서 웹이라는 새로운 분야에 눈을 뜨게 되었고 곧 강하게 끌렸다.

교육을 마치고 곧바로 IT 기업에 취업하지는 못하고 버츄얼 방송회사에서 시스템 엔지니어로 일하게 되었다. 물론 방송 엔지니어로 일하면서도 IT 쪽에 지속적으로 관심을 갖고 있었다. 2000년에는 개인적으로 '마이웹스타일(mywebstyle.net)'이라는 사이트를 만들었다. 무료 게시판 프로그램인 제로보드를 이용해 개설했는데 웹디자인이

나 웹프로그램 관련 정보를 중심으로 재미있고 유용한 정보를 공유할 수 있는 커뮤니티 사이트였다(지금 들어가보니 누군가 도메인만 등록하고 방치해놓고 있는지 '403 Forbidden'이라고 뜬다). 이때는 한창 홈페이지 만들기 열풍이 불던 시기였기 때문에 거의 모든 포털 사이트에서 개인 홈페이지 서비스를 제공했다. 하지만 나는 포털이 제공하는 홈페이지 서비스에 만족하지 못했다. 그래서 도메인을 구입하고 웹호스팅으로 홈페이지를 직접 만들어 운영했다.

이 사이트가 나에게는 홈페이지나 다름없었다. 그래서 싸이월드 미니홈피가 세상을 뒤흔들던 시절에도 나는 미니홈피를 철저히 외면했다. '독립 도메인으로 만들어진 멋진 홈페이지가 있는데 왜 굳이 작은 창에 불편한 미니홈피를 해야 해?'라는 생각 때문이었다. 그런데 회사에서 많은 직원들이 미니홈피로 소통하고 즐기는 모습을 보니 해봐야겠다는 생각이 들었다. 막상 시작해보니 그야말로 신천지였다.

마이웹스타일 사이트에서는 소통할 이가 없어 외로웠는데 미니홈피에서는 외롭지 않았다. 동료들과 술 마시고 난 다음 날에는 어제 술자리에서 찍은 사진들이 올라왔다. 지금도 빈 소주병이 테이블을 가득 채우고 있는 사진을 보면서 동료들과 함박웃음을 짓던 때가 기억난다. 하지만 회사를 옮기면서 자연스럽게 미니홈피에 대한 애정도 식었다. 굉장히 재미있었지만 오프라인 인맥 위주다 보니 함께 활동했던 사람들과 멀어지면서 미니홈피도 마음속에서 밀려났다.

이렇게 마이웹스타일 같은 독립된 형태의 홈페이지도 운영해보고 미니홈피에도 미쳐봤지만 이런 경험들이 브랜딩에 그다지 도움이 되지는 않았다. 홈페이지를 구축하면서 나름의 성취감도 맛봤고, 미니홈피를 하면서 재미도 느꼈지만 그뿐이었다. 그러나 블로그는 조금 달랐다.

웹서핑 중에 만난 설치형 블로그는 신선한 충격이었다. 네이버 블로그처럼 정형화된 형태도 아니었고, 그렇다고 일반적인 홈페이지 같지도 않았다. 특히 독립 도메인으로 접속하는 것이 여간 매력적이지 않았다. 신선한 충격을 던져주었던 그 블로그는 태터툴즈 Tattertools라고 하는 블로그 구축 프로그램으로 만들어졌다. 한번 마음먹으면 반드시 하고야 마는 성미여서 나는 곧바로 도메인과 웹호스팅 계정을 구매해서 블로그를 구축했다. '깜냥이의 웹2.0 이야기!' 블로그는 이렇게 탄생하게 되었다. 네이버 블로그는 훨씬 이전부터 운영해왔지만 기사 스크랩 위주였다.따라서 나에게 첫 번째 블로그는 단언컨대 '깜냥이의 웹2.0 이야기!'라 할 것이다.

퍼스널 브랜드를 구축하는 것의 기본

내가 살아온 과정을 가만히 살펴보면 신기하게도 항상 트렌드의 중심에 있었다. 무선 인터넷이 뜰 때는 WAP 관련 일을 했고, UCC가 뜰 때는 UCC 관련 일을, 또 웹2.0이 뜰 때는 웹2.0 관련 일을 했다. 그리고 보면 지금도 핫한 트렌드를 좇아 얼마나 많은 사람들이 몰려다니고 있겠는가? 단지 그런 움직임이 세상에 잘 드러나지 않을 뿐이다.

그런데 '깜냥이의 웹2.0 이야기!'를 시작하면서 자연스럽게 '나'라는 존재가 세상에 드러나기 시작했다. 의도한 것도 아니었다. 블로그에 글을 쓰면 어떻게 알았는지 신기하게도 사람들이 찾아왔다. 홈페이지는 내가 글을 쓰더라도 홍보를 해야 찾아왔지만 블로그는 알아서 찾아와주니 완전히 새로운 세상이었다. 거기다가 사람들이 블로그를 기억해주고 운영자인 나를 기억해주니 고마울 따름이었다. 지금 생각해보면 웹서핑 중에 우연히 만난 블로그 하나가 인생의 전환점이 되어준 셈이다.

한때는 블로그가 인기를 얻으면서 1인 미디어, 개인 미디어 등 미디어로서의 역할에 대해 많은 사람들의 관심이 집중되었다. 기성 언론들을 대체할 수 있을 정도로 기세도 등등했다. 하지만 최근 들어서는 블로그가 많이 시들해졌다. 트위터, 페이스북을 위시한 소셜네트워크서비스가 인기를 얻으면서 블로그에 쏠렸던 관심이 예전 같지 않은 것도 사실이다. 게다가 블로그는 꾸준히 운영하기도 쉽지 않기 때문에 몇 달 열심히 하다가 포기하는 경우도 많다. 그러나 다른 사람들이 어렵게 느끼고 떠나가는 것이 후발주자에게는 기회로 작용할 수 있다. 기라성 같은 파워블로거가 즐비한 현 상황에서 블로그로 주목받기는 쉽지 않겠지만, 블로그가 한창 잘나가던 시절에 비하면 오히려 경쟁이 심하지 않기 때문에 더욱 빠르게 성장할 수 있다. 블로그로 퍼스널 브랜드를 구축하고자 하는 의지만 있다면 말

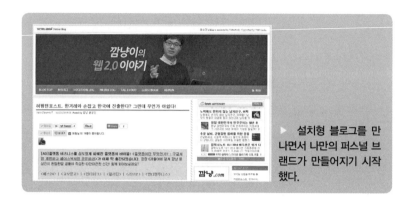

▶ 설치형 블로그를 만
나면서 나만의 퍼스널 브
랜드가 만들어지기 시작
했다.

이다.

블로그는 퍼스널 브랜드를 구축하는 데 있어 기본이다. 물론 쉽
지는 않다. 오히려 어렵다는 표현이 더 적절할 듯하다. 하지만 가장
확실한 방법이기도 하다. 블로그는 아무도 알아주지 않던 우리를 중
요한 사람으로 만들어준다. 노력한 만큼 확실한 대가를 받을 수 있
는 블로그라면 한 번쯤 도전할 만한 가치가 있지 않겠는가? 퍼스널
브랜드를 구축하고 싶다면 블로그에 도전해보길 권한다.

블로그를 이용한 퍼스널 브랜드의 몇 가지 원칙

블로그를 운영하기만 하면 퍼스널 브랜드가 자연스럽게 구축될까? 블로그로 퍼스널 브랜드를 구축하기 위해서는 몇 가지 원칙을 지켜야 한다.

좋은 콘텐츠를 만들어내야 한다

다른 분야도 마찬가지겠지만 최고의 미덕은 첫째도 콘텐츠요, 둘째도 콘텐츠요, 셋째도 콘텐츠다. 페이스북과 같은 서비스가 인기를 끌고 있기는 하지만 그래도 여전히 콘텐츠는 블로그의 차지다. 남들과 차별화되는 좋은 콘텐츠를 제공한다면 사람들이 알아서 찾아온다. 그리고 마법처럼 당신을 기억한다. 좋은 콘텐츠라 하여 반드시 텍스트가 많거나, 사진 이미지를 많이 넣거나, 동영상이 있어야 한다는 이야기는 아니다. 물론 텍스트, 사진 이미지, 동영상이 풍성하면 좋지만 모든 콘텐츠를 이렇게 작성하려다가는 되레 지치기 쉽기 때문에 주의해야 한다.

내가 볼 때 블로그에서 좋은 콘텐츠란 글쓴이의 인사이트가 담겨 있는 것이다. 똑같은 하나의 현상을 바라보면서도 사람들의 생각은 제각각이다. 그 생각들이 블로그를 통해 표출된다면 분명 훌륭한 콘텐츠가 될 수 있다. 사람들은 당신에게서 정보를 얻기 위해서가 아니라 당신의 생각이 궁금해서 방문한다. 그런 사람들에게 당신의 인사이트를 전달할 수만 있다면 훌륭한 콘텐츠가 되고도 남을 것이다.

블로그는 꾸준함이 생명이다

가장 간단하면서도 어려운 것이 바로 꾸준함이다. 처음 몇 달간은 누구나 열심히 한다. 글도 많이 쓰고, 수시로 들어가보고, 여기저기 홍보도 하면서 세상을 향해 나 좀 봐달라고 호소한다. 그러다가 몇 달 지나고 슬럼프가 찾아오면 대다수의 블로그들이 개점휴업 상태가 된다. 이렇게 되면 아무것도 이룰 수 없다. 슬럼프를 슬기롭게 극복해서 1년, 2년, 아니 그 이상 꾸준히 운영해나가면 반드시 그에 따르는 보상을 받게 된다.

구축하고자 하는 퍼스널 브랜드에 알맞은 주제를 정하라

사실 블로그를 처음 시작하면서 이 부분에 대해 가장 많이 생각해야 한다. 어떤 주제로 정하느냐에 따라 퍼스널 브랜드도 정해지기 때문이다. 결국 내가 앞으로 무슨 일을 하고자 하는지에 대한 계획을 세워보면 답은 나온다.

사실 블로그를 처음 시작하면서 주제를 명확히 정하기란 쉽지 않은 법이다. 주제를 명확하게 정하기가 어렵다면 자신이 속해 있는 산업 분야 전반에 걸친 이야기로 시작해보는 건 어떨까? 아무래도 자신이 현재 하고 있는 일이다 보니 관련 지식이나 경험도 풍부하고 무엇보다 많은 고민을 하고 있을 것이기 때문이다. 이렇게 자기 분야에 관한 이야기를 하다 보면 차츰 자신이 하고자 하는 이야기가 무엇인지 깨닫게 된다. 그것을 블로그의 주제로 정하면 된다.

주제에 알맞은 블로그명, 필명, 블로그 주소를 정하라

주제가 정해졌다면 주제에 맞는 블로그명을 정해야 한다. 사람들은 블로그 운영자보다 블로그명을 기억하기 때문에 폭넓게 아우를 수 있으면서도 특색이 있는 것이 좋다. '깜냥이의 웹2.0 이야기!'도 이런 부분에서 보면 사실 좋은 블로그명은 아니다. 특색이 있기는 하지만 다소 제한적이다.

블로그를 만들 시점만 해도 웹2.0이 큰 이슈가 되고 있었고 사회 전반에 걸쳐 큰 영향력을 행사하고 있었지만, 지금은 웹2.0이라는 키워드가 거의 사라진 상태이다. '깜냥이의 웹2.0 이야기!'보다는 '깜냥이의 웹 이야기!'나 '깜냥이의 IT 이야기!' 등으로 정했으면 더 좋았을 듯하다. 하지만 그렇다고 지금 블로그명을 바꾸고 싶지는 않다. 이미 '깜냥이의 웹2.0 이야기!' 블로그는 나에게 너무나 많은 것을 주었기 때문이다.

블로그명 못지않게 필명도 매우 중요하다. 사람들이 나를 '깜냥님'이라고 부르듯이 사람들은 당신을 필명으로 기억하고 부르게 된다. 블로그 주소 또한 중요하다. 독립 도메인이야 돈을 주고 구매하는 만큼 신중하게 선택하겠지만 포털 사이트 아이디는 대부분 즉흥적으로 만든다. 그러나 이름 이니셜과 생년월일 등을 적당히 붙여서 만든 아이디가 평생 사용하게 될 블로그 주소가 된다는 점을 명심해야 한다. 이는 네이버도 마찬가지고 다음도 마찬가지다. 그렇기 때문에 운영하고자 하는 블로그의 주제에 맞는 아이디로 새로 가입해서 블로그를 시작하는 것이 바람직하다.

블로그에 자신만의 특색 있는 이미지를 입혀라

블로그를 나의 분신, 아바타라고 생각한다면 나의 이미지와 어울리는 분위기로 연출하는 것이 좋다. 사실 인위적으로 연출하지 않으려 해도 자신의 성향이 블로그에 그대로 묻어나오는 경우가 많다. 어차피 블로그명, 필명, 카테고리, 스킨 등 하나부터 열까지 블로그 운영자 스스로가 선택해서 세팅하기 때문에 당연한 결과이기도 하다. 자신의 얼굴이나 스스로를 대변할 수 있는 이미지를 스킨상에 노출하면 퍼스널 브랜드 구축에 더욱 도움이 된다.

또한 남들과 차별화되거나 자랑하고 싶은 부분을 블로그에서 강조할 필요가 있다. 나는 블로그 우측에 그동안 출간한 책표지들을 진열해놓고 있다. 우연히 내 블로그에 들어온 사람들도 내 책들을 보면서 범상치 않은 기운을 느끼길 바라면서 말이다.

페이스북이 갖고 있는 관계의 힘

블로그를 통해 나름 인사이트 있는 정보를 제공하면서 나의 존재를 알리고 능력을 인정받기까지는 어느 정도 성공했다. 글을 잘 쓰기 때문이 아니라 순전히 꾸준히 운영했기 때문에 얻은 결과였다. 블로그가 조금씩 알려지면서 리뷰를 요청받기도 하고, 캠페인에 참여해 달라는 제안도 받고, 칼럼이나 강의 제안도 들어왔다. 온라인상에서 사람들이 나를 '깜냥님'이라 부르기 시작하니, 그 자체만으로도 기분이 좋았다.

그런데 시간이 흐를수록 어딘가 공허해졌다. 나 '윤상진'은 사라지고 '깜냥'으로만 기억되는 건 아닌지 은근히 불안하기도 했다. 이렇게 블로그에 대한 회의가 들 즈음에 트위터가 열풍을 일으켰고, 뒤이어 페이스북도 엄청난 후폭풍을 일으키며 등장했다. 이 즈음에 많은 블로거가 마이크로블로그 서비스인 트위터로 이동하면서 개점휴업한 블로그가 기하급수적으로 늘어났다. 나도 얼리어답터는 아니지만 블로거의 리뷰 본능 때문인지 트위터, 페이스북과 같은 새로운 서비스가 등장했을 때 상당히 빨리 접해봤다. 그래야 블로그에 소개할 수 있으니 말이다.

하지만 트위터는 생각보다 재미가 없었고, 페이스북은 도대체 뭘 어떻게 하라는 것인지 당최 이해가 되지 않았다. 특히 초창기에는 한국어를 지원하지 않아 영문으로 서비스를 이용해야 했는데, 영어가 짧은 나로서는 서비스를 이해하기가 더욱 어려웠다.

페이스북이 이해되기 시작한 건 한참 후의 일이다. 바로 페이스북의 '좋아요'와 댓글 때문이다. 페이스북 초기에는 블로그에 새로운 글을 쓰면 페이스북 노트에도 자동으로 업데이트되도록 블로그 RSS를 등록하는 기능이 있었다. 별생각 없이 블로그 RSS를 등록해놓았는데 희한한 일들이 벌어지기 시작했다. 블로그에는 달리지도 않던 댓글들이 페이스북에 달리기 시작한 것이다. 인기 블로거가 아니기 때문에 웬만해서는 댓글이 달리지 않는데 페이스북에서는 달리니 신기했다. 거기다가 '좋아요'를 누르면서 공감을 표현하는 친구들도 많았다. 호응이 많아지니 페이스북에 정이 가기 시작했다.

바로 이것이 페이스북이 갖고 있는 관계의 힘이다. 블로그의 경우, 검색을 통해 불특정 다수에게 글이 노출되기 때문에 별다른 관계가 없는 사람들이 주요 방문자가 된다. RSS를 구독하는 등 블로그를 열성적으로 좋아하는 사람도 있겠지만 이는 극히 일부에 지나지 않는다. 그렇기 때문에 추천이나 공감을 하거나 댓글을 남기는 경우가 많지 않다. 검색을 통해 블로그에 방문해 원하는 정보만 얻고 빠져나가기 바쁘다. 찾아봐야 할 정보가 너무 많기 때문이다. 물론 친하게 지내는 이웃 블로거가 많다면 서로의 블로그에 댓글을 달아주는 '댓글 상부상조'를 하기도 한다. 진심으로 우러나와서 댓글을 다는 것인지, 내 블로그에 와서 댓글을 남겨달라는 것인지 의도가 헷갈릴 때도 물론 있다. 그래도 어찌 되었건 블로그는 관계보다 정보 전달에 최적화된 미디어임이 분명하다.

나를 중심으로 펼쳐지는 새로운 세상

페이스북의 경우는 블로그와 조금 다르다. 페이스북은 기본적으로 친구들과의 네트워크를 중심으로 소통하는 미디어다. 그래서 페이스북을 소셜네트워크서비스의 일종으로 분류하는 것이다. 페이스북이 뜨기 시작하던 무렵 출간된 《소셜 웹 사용설명서》를 바탕으로 인기리에 진행했던 '소셜 웹과 비즈니스 패러다임 변화' 강의에서 나는 이를 '나 자신을 중심으로 펼쳐지는 새로운 세상'이라 설명하기도 했다. 실제로 페이스북에 회원가입해보면 처음에는 뉴스피드에 아무것도 안 보인다. 내가 쓴 글만 보일 뿐이다. 친구들이 만들어져야 비로소 친구들의 게시물이 하나씩 보이기 시작한다. 이처럼 친구와의 관계망이 페이스북의 존재 이유라 할 수 있다.

결국 이미 친구 관계를 맺고 있는 사람들에게 블로그 글을 소개하면 추천, 공감과 댓글을 끌어내기가 훨씬 쉽다. 또한 이렇게 이끌어낸 공감과 댓글은 네트워크 효과를 타고 좀 더 많은 사람들에게 전파된다. 아무리 온라인상에서의 관계가 약하다 해도 이런 전파력만큼은 무시할 수 없다.

이처럼 페이스북은 이미 관계가 만들어졌으나 나를 제대로 모르는 사람들에게 자신을 알리는 작업이기 때문에 효과가 매우 좋다. 블로그로 퍼스널 브랜드 구축을 위한 기초를 다졌다면 페이스북으로는 건물을 지었다 할 수 있다. 예컨대 블로그로 블로거 '깜냥'을 알렸다면 페이스북으로는 인간 '윤상진'을 알린 것이다.

사실 블로거로서 이름이 어느 정도 알려져 있다고는 해도 IT나 인터넷, 웹에 관심 없는 사람이라면 나를 알 리가 없다. 대중매체에 등장하는 연예인도 아니고, 나를 무슨 수로 알겠는가? 하지만 페이스북에서는 이런 사람들에게도 나를 알릴 수 있다. 다양한 계층의 사람들에게 '윤상진'이라는 사람을, 듣지도 보지도 못한 낯선 이를 알릴 수 있게 된 것이다. 기본적으로 친구가 되면 뭐하는 사람인지 궁금해서 프로필을 유심히 보게 되고, 그러다 보면 이 사람이 블로거이고 책을 쓴 저자라는 것을 알게 된다. 나아가 이 사람이 프로필을 통해 좋은 정보도 올려주고 가끔 비즈니스하는 데 도움이 되는 조언도 해준다면? 그다음에는 어떻게 될까? 사람들은 점점 나의 존재를 인식하고 내가 뭐하는 사람인지 알아가게 되면서 자연스럽게 퍼스널 브랜드가 구축된다.

아직 세상에 이름을 알리지 않은 99퍼센트의 일반적인 사람들도 페이스북을 통해 좀 더 많은 이들에게 자신의 존재와 생각, 자신이

▶ 페이스북 페이지를 통해 좀 더 많은 사람들과 소통하고 관계를 형성하면서 퍼스널 브랜드를 구축할 수 있다.

하고 있는 일들을 알림으로써 퍼스널 브랜드를 구축할 수 있다. 사실 생각해보면 간단하다. 자기가 종사하고 있는 일들에 대해 다른 사람들보다 많이 생각하고, 또 그렇게 생각한 것을 친구들과 공유한 다면 친구들은 같은 일에 종사하는 다른 사람들보다 당신을 훨씬 전문적이라 인식하게 되는 것이다. 소셜미디어의 장점은 꾸준함이다. 매일 자신의 지식을 나눔으로써 자신의 분야에서 좀 더 전문적인 사람으로 포지셔닝될 수 있다.

지금까지 개인 프로필을 통해 브랜드를 구축했다면, 이제 좀 더 전문적으로 브랜드를 구축하기 위해 페이스북 페이지를 운영해야 한다. 나 또한 소셜미디어 정보를 중심으로 IT, 인터넷, 플랫폼 등의 정보를 공유하는 '소셜인사이트(fb.com/socialinsight)' 페이지를 운영하고 있다. 프로필은 회원으로 가입하면 생기는 개인 서비스라 보면 되고, 페이지는 페이스북 내에 특정 주제에 맞게 개설해서 운영하는 서비스이다. 더욱 전문적으로 퍼스널 브랜드를 구축하고 싶다면 블로그처럼 주제에 맞게 페이지명, URL 등에 대한 전략을 수립하여 운영해보길 바란다.

원래 홍보나 마케팅 목적으로는 프로필을 이용할 수 없고 페이지를 개설해서 운영해야 한다. 하지만 페이지를 별도로 운영한다는 것은 일반적으로 매우 어려운 일이다. 개인사업자나 소규모 기업의 경우에도 마찬가지다. 페이지를 개설하기만 하고 운영하지 않는 경우가 부지기수다. 무분별한 채널 확장은 오히려 독이 되기 십상이니 주의해야 한다. 페이지를 운영할 여력이 없다면 프로필을 최대한 활용해도 페이지보다 훨씬 큰 효과를 얻을 수 있다. 프로필로 오직 광고, 홍보, 마케팅만 한다면 문제겠지만 간혹 조금 하는 것은 무방하리라 본다. 특히 페이지보다 프로필이 친구 관계를 좀 더 제대로 활용할 수 있기 때문에 퍼스널 브랜드를 구축하기에는 프로필만으로도 충분하다.

페이스북은 블로그의 한계를 극복할 수 있게 해준다. 개인미디어, 1인미디어로 불리던 블로그에서 소셜네트워크서비스인 페이스북으로 대중의 관심이 흘러왔다. 대중은 그것을 소셜미디어라고 부른다. 소셜네트워크서비스SNS가 미디어의 파워를 갖게 된 것이다. 사람들이 모이는 곳에 기회는 분명히 있다. 지금 이 시대에 개인이 활용할 수 있는 미디어로 페이스북만 한 것이 없다. 페이스북을 통해 자신을 알려라. 퍼스널 브랜드를 구축할 방법이 보일 것이다.

페이스북에서 어떻게 활동하는 것이 퍼스널 브랜드 구축에 도움이 될까? 정답은 없겠지만 그간의 경험과 주위에서 브랜딩을 잘하고 있는 친구들의 활동을 종합해보면 대략적으로 다음과 같이 정리할 수 있다.

전문 지식과 소양이 드러나야 한다

퍼스널 브랜드는 어느 정도 수준까지는 노력으로 형성할 수 있지만 기본적인 소양이 있어야 완성 가능하다. 밑바닥이 훤히 보이는 사람이 백날 말로만 떠들어봐야 누가 들어주겠는가? 기본 소양을 갖추었다면 자신의 지식이나 생각을 페이스북에서 표출해야 한다. 자신만의 인사이트를 담아 업계 트렌드나 정보를 소개해주거나 인생을 살면서 몸소 체득한 교훈을 공유할 수도 있다.

또한 오피니언 리더로서의 소양과 식견을 보여주는 것도 중요하다. 인격적으로 문제가 있는 사람은 퍼스널 브랜드를 제대로 구축할 수가 없다. 그렇기 때문에 자신의 인격과 소양을 좀 더 많은 사람들이 느낄 수 있도록 드러내야 한다. 훌륭한 인격과 소양이 있다면 넓은 안목에서 나아가야 할 방향을 제시해줄 수 있다. 또한 전체적인 여론과 반하는 의견일지라도 자신의 생각을 과감하게 이야기할 수 있을 정도면 리더로서의 자격은 충분하다고 여겨진다.

인간적인 감성이 묻어나야 한다

사람들은 페이스북에서 정보만을 얻고 싶어 하지 않는다. 실제로 정보성 글보다는 아이들 사진이 호응도가 더 높다. 다른 이들이 살아가는 이야기도 듣고 싶어 한다. 자기만의 가슴 따뜻한 이야기, 소소한 일상 이야기, 솔직한 이야기가 좋다. 사람들은 나를 직접 만나지 않았더라도 페이스북에 올라오는 이야기들을 통해 나라는 사람에 대해 판단하게 된다.

페이스북에서 친구 관계를 맺은 이후 오프라인 모임에서 만난 어느 지인은 페이스북에서 느꼈던 성품과 실제 만나보고 느낀 성품이 다른 경우가 많다는 이야기를 들려주었다. 어찌 보면 당연한 이야기다. 그 사람에 대한 다른 정보가 없으니 오로지 페이스북을 통해 판단할 수밖에 없기 때문이다. 페이스북에서 자신이 왜곡되거나 잘못 비춰지지 않도록 주의하길 바란다. 또한 정보성 글만 전달하게 될 경우 자신의 감성을 전달할 방법이 없다. 가끔은 자신의 감성을 물씬 느낄 수 있도록 실제 내가 살아가는 이야기를 해보는 것도 권한다.

지나친 홍보와 자기 자랑은 자제하라

지금 이 순간에도 페이스북에 들어가보면 모두가 자기 자랑하기에 바쁘다. 가끔은 이걸 내가 왜 보고 있어야 하나 하는 생각이 들 정도다. 아무리 자기 자랑이라고는 해도 스팸성 홍보에 가까운 것들도 많다. 좋은 소식도 너무 많이 들으면 지겨운 법이다. 페이스북 피로도가 증가하는 데는 이러한 여파도 매우 크다. 자랑할 일이 있으면 자랑도 하고 홍보할 일이 있으면 홍보도 해야 한다. 하지만 도를 넘어서면 오히려 비호감으로 전락할 수 있다. 내가 볼 때 하루 1~2회 정도의 포스팅이 적당하다. 홍보에 자기 자랑만 하지 말고 좋은 정보도 올려보고 소소한 일상의 이야기도 해보길 바란다. 제품에 대한 이야기보다는 회사에서 열심히 일하는 일상적인 모습을 담는 것은 어떨까? 훨씬 많은 사람들의 지지와 호응을 이끌어낼 수 있을 것이다.

'스토리텔링'으로 자신을 알려라

사실 말이 쉬워 스토리텔링이지, 스토리텔링만큼 불분명한 개념도 없다. 뜻은 간단하다. 말하기도 쉽다. 그러나 실제로 해보려고 하면 이것만큼 어려운 것이 없다. 분명 페이스북에서 스토리텔링은 매우 중요하다. 스토리텔링은 홍보를 홍보가 아닌 것처럼 보이게 하는 힘이 있기 때문이다. 페이스북 초창기에는 직선적인 홍보가 먹혔지만 회원이 급격하게 증가하면서 노골적인 홍보에는 매우 인색한 반응을 보이고 있는 것이 현실이다. 그런데 스토리텔링이 가미되면 분위기는 180도 달라진다. 지금 페이스북에 접속해보라. 수많은 사람들이 자기만의 스토리를 올리고 있다. 홍보가 아닌 것 같지만 자세히 보면 홍보 메시지가 보이는 스토리를 어렵지 않게 찾아볼 수 있다. 그런데 이런 글에 사람들이 호의적인 반응을 보이고 있지 않은가? 이처럼 스토리의 힘은 무궁무진하다.

프로필이나 페이지를 꾸며라

페이스북에서 어떻게 활동하느냐도 중요하지만 프로필이나 페이지를 어떻게 꾸미느냐도 중요하다. 글뿐만 아니라 이미지로도 자신을 알릴 수 있으며, 이것이 오히려 효과가 더 클 수 있다. 친구 신청을 하거나 받게 되면 으레 그 사람의 프로필에 들어가 어떤 사람인지를 알아보기 때문이다. 프로필을 통해 자신을 확실히 각인시킬 수 있다. 프로필 사진, 커버 이미지 등을 자신의 콘셉트에 맞게 꾸미면 이미지 메이킹도 가능하다. 프로필 접속 URL도 신경 써서 설정하는 것이 좋다. URL을 별도로 지정하지 않으면 지저분하게 표시되는 경우가 많은데, 퍼스널 브랜드를 구축하기 위해서는 누구나 접속하기 편한 URL로 설정해야 한다. 나의 경우에는 블로그 도메인 ggamnyang.com과 일관성을 유지하기 위해 프로필 접속 URL도 facebook.com/ggamnyang으로 설정했다. 자신이 운영하고 있는 블로그 URL이나 필명, 혹은 자주 사용하는 이메일 주소를 URL로 설정해 놓으면 사람들이 나를 쉽게 기억하는 데 도움이 된다(프로필과 페이지 운영에 대해서는 뒤에서 본격적으로 다룰 예정이다).

이렇게 전문가로 브랜딩이 되면 뭐가 좋을까? 단편적인 예를 들자면 일을 맡기기 위해 업체를 물색해야 할 때, 이왕이면 전문가로 인정받고 있는 페이스북 친구에게 맡길 수 있다. 또한 강의나 컨설팅, 자문을 요청할 때도 네이버에서 검색해서 찾느니 페이스북에서 친구 관계에 있는 사람에게 부탁하는 것이 훨씬 빠르고 안전하다. 퍼스널 브랜드가 구축되면 위와 같은 일들은 지극히 평범한 일상처럼 일어난다. 그보다 더한 일들, 상상할 수도 없는 일들이 스스로 알아서 찾아온다.

책쓰기를 두려워하지 마라

● ● ●

누구나 자기 이름으로 된 책 한 권 내고 싶다는 생각은 한 번쯤 해 봤을 것이다. 내 이름이 선명하게 박힌 책이 세상에 나온다면 얼마나 흐뭇하겠는가? 비즈니스를 하고 있는 기업의 CEO들도 자기 책을 내고 싶어 안달이다. 연예인처럼 이미 대중적으로 알려진 사람들도 책을 내는 경우가 많다. 그만큼 책은 사람의 레벨을 한 단계 업그레이드시켜주는 확실한 도구가 된다. 특히 지식 산업 쪽에 종사하는 프리랜서, 강사, 1인 기업가들은 '저자'라는 타이틀을 얻기 위해 마음 맞는 사람들을 모아 공저로 책을 내기도 한다. 10명이 모이면 1인당 20~30페이지만 써도 책을 출간할 수 있다. 저자가 되면 강의 요청도 늘어나고 시간당 강의료도 전보다 높아진다.

하지만 책을 낸다는 것이 말처럼 쉬운 일은 결코 아니다. 책쓰기가 '쉽다'라고 이야기할 수 있는 사람은 거의 없다. 전문 작가라 해도 책을 쓰는 일은 늘 고역이다. 하지만 사람들은 너 나 할 것 없이 책 쓰는 일을 동경한다.

책을 쓰고 싶어 하는 이유도 각양각색이다. 돈을 벌기 위해, 자신을 알리기 위해, 브랜딩을 위해, 비즈니스를 위해, 마케팅을 위해, 홍보를 위해 사람들은 책을 쓰고 싶어 한다. 무엇보다 책을 냄으로써 얻을 수 있는 가장 큰 수확은 퍼스널 브랜드를 구축할 수 있다는 점이다. 사실 책을 통해 퍼스널 브랜드를 구축하게 되면 비즈니스든 마케팅이든 부수적인 성과가 따라오게 되어 있다.

지금까지 공저를 포함해서 다섯 권의 책을 냈고, 저자라는 타이틀을 달고 있지만 내가 책을 쓰게 되리라고는 상상도 못했다. 아니, 내가 책을 쓸 정도의 지식이 있는지에 대해서도 자신이 없었거니와 한 권의 책을 쓸 정도의 글쓰기 능력이 있다고 생각하지도 않았다. 그래서 책을 쓸 생각은 애초에 갖지도 않았다. 하지만 블로그를 시작하면서 상황이 조금 달라졌다. 일주일에 두세 번, 한창 블로그에 빠져 열심히 활동할 때에는 하루에 한 번꼴로 블로그에 포스팅을 했다. 블로그를 통해 글쓰기에 대한 내공을 다진 것이다. 따지고 보면 블로거만큼 꾸준히 글을 쓰는 사람도 드물다. 전문 작가야 쌓아온 내공이 다를 터이니 실력 면에서 따라가기 힘들겠지만, 블로거들도 규칙적으로 글쓰기를 하는 만큼 아마추어임에도 불구하고 수준급의 실력을 갖춘 경우가 많다.

바야흐로 블로그를 통해 글쓰기에 대한 자신감을 갖게 된 나는 어느 날 무모한 도전을 시도했다. 무턱대고 책을 쓰기 시작한 것이다. 2009년은 수많은 블로거 중 한 사람일 뿐이라는 생각에 슬럼프를 겪고 있던 시점이었고, 정체성에 혼란을 느끼던 시기였다. 그런데 불현듯 책을 쓰고 싶다는 생각이 뇌리를 스쳤다. 블로거 중 책을 낸 블로거가 있기는 하지만 많지는 않으니 여기서 차별점을 찾을 수 있을 것 같았다. 책을 쓰면 뭔가 돌파구를 마련할 수 있을 것 같다는 생각도 들었다. 이렇게 무턱대고 책을 쓰기 시작해서 1년 남짓한 기간 동안 쓰고 수정하고 뒤엎기를 반복하다가 마침내 빛을 본 책이 있다. 바로《소셜 웹 사용설명서》이다.

어떻게 쓸 것인가

책을 출간하고 나니 확실히 나는 전과 다른 대접을 받기 시작했다. 강의나 칼럼 요청도 많아졌고 어딜 가나 저자로서 존중받았다. '저자 윤상진'이 된 다음부터는 함께 일하는 고객이 소위 '갑질'을 하는 경우도 다분히 줄었다. 이처럼 저자라는 타이틀 덕분에 갑을관계도 서로를 존중하면서 일할 수 있는 관계로 발전했다.

사실 저자로서 꽃을 피운 책은 첫 책이 아니라 공저로 낸 두 번째 책인《소셜커머스, 무엇이고 어떻게 활용할 것인가》였다. 이 책이 나올 시기에 소셜커머스가 엄청나게 각광받고 있었던 터라 매출도 좋았지만, 특히 강의나 칼럼 요청이 쇄도했다. 이 책을 통해 소셜 전문가로서 퍼스널 브랜드를 확고히 다질 수 있었다 해도 과언이 아니다.

책을 쓰는 일은 어렵다. 책상머리에 앉아서 노트북을 펼쳐놓고 나 자신과의 싸움을 하는 것 자체가 고역이기도 하다. 또 책을 낼 분량의 원고를 쓰기 위해서는 끈기와 열정도 있어야 한다. 처음 책 쓰는 일에 도전하겠다고 목표를 세울 때 가장 큰 힘이 되었던 부분이 바로 블로그를 통해 다져진 끈기와 글쓰기에 대한 내공이었다. 블로그를 몇 년 동안 운영할 정도의 끈기와 글쓰기 능력이면 책을 쓰고도 남을 것이라 생각하며 나는 스스로를 채찍질했다. 그렇게 이어진 노력 끝에 마침내 저자가 되었다. 지극히 평범한 나도 한 권의 책을 완성해낼 수 있다니, 이루 말할 수 없이 감격스러웠다.

책을 쓰기 위해서는 무엇을 어떻게 해야 할까? '책을 쓰겠다'라고 결심하기가 쉽지 않겠지만 결심만 하고 나면 방법은 의외로 간단하다. 물론 그렇다고 책을 내는 과정이 결코 녹록지 않다. 우선은 어떤 책을 쓸 수 있는지, 어떤 책을 쓰고자 하는지에 대한 확실한 주제와 콘셉트를 잡아야 한다. 주제를 선정할 때는 책을 쓰는 목표가 반영되어야 한다. 책으로 강의를 할 것인지, 퍼스널 브랜드를 구축할 것인지 등의 목표에 따라 책의 주제나 내용도 달라진다.

주제와 목표를 정했다면 전체적인 책의 내용에 대한 기획서를 작성해야 한다. 기획서라고 해서 지레 겁먹을 필요는 없다. 자신을 돌아보기 위해 저자 프로필을 정리하고, 쓰고자 하는 책의 주제, 대상 독자, 벤치마킹 및 차별점, 원고의 콘셉트와 목표를 정리하면 된다. 이렇게 책에 대한 전체적인 그림을 그리면 책을 집필하는 고된 여정에서 하나의 이정표가 생긴다. 이 이정표는 책이 방향을 잃고 헤맬

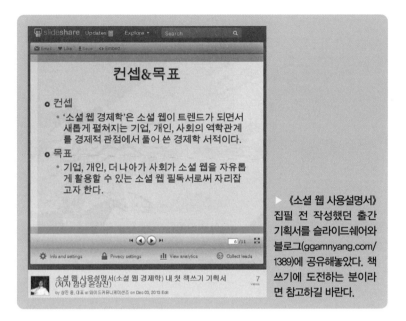

▶ 《소셜 웹 사용설명서》 집필 전 작성했던 출간 기획서를 슬라이드쉐어와 블로그(ggamnyang.com/1389)에 공유해놓았다. 책 쓰기에 도전하는 분이라면 참고하길 바란다.

때 본래의 의도를 유지하도록 하는 데 많은 도움이 된다.

그다음에는 목차를 잡는다. 목차는 책의 **뼈대**를 구성하는 단계로, 목차만 제대로 잡으면 책쓰기의 50퍼센트가 끝났다고 할 수 있다. 목차를 잘못 잡으면 책을 처음부터 다시 써야 하는 불상사가 발생할 수 있기 때문에 신중하게 작성해야 한다. 목차를 작성하기 전에 마인드맵 프로그램을 이용하면 아이디어들을 구조화하는 데 도움이 될 것이다.

마인드매니저, 싱크와이즈, 컨셉리더와 같은 유료 마인드맵 프로그램도 있지만 목차를 정리하기에는 알마인드맵, 프리마인드맵과 같은 무료 프로그램만으로도 충분하다. 내가 주로 사용하는 마인드

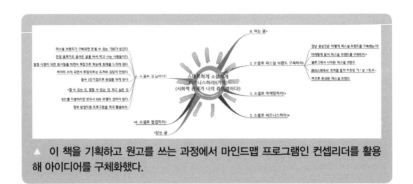

▲ 이 책을 기획하고 원고를 쓰는 과정에서 마인드맵 프로그램인 컨셉리더를 활용해 아이디어를 구체화했다.

맵 프로그램은 컨셉리더다. 비상업적인 목적으로 사용할 경우에 한하여 공개용 개인 등록키를 발급했으나 2012년부터 전면 유료화되어 현재는 무료로 사용할 수 없게 되었다.

일단 마인드맵으로 모든 아이디어들을 끄집어내고, 그것들을 목차로 정리하면서 추가적인 아이디어를 더하라. 아이디어들이 정리가 되면 목차를 체계적으로 작성한다. 이때 어떤 내용으로 구성할지에 대해서도 간략하게 정리해놓으면 크게 도움이 된다. 목차를 잡을 때 구상했던 아이디어들을 본격적인 집필 과정에서 다시 떠올리기가 쉬워지기 때문이다.

이렇게 목차를 잡고 나면 책을 쓰기 위한 준비가 끝난 것이다. 이제 본격적으로 책쓰기에 돌입하면 된다. 그러나 막상 책 전체를 보면서 쓰려고 하면 엄두가 나지 않을 수 있다. 너무 멀리 보지 말라는 이야기이다. 이때는 당장 앞에 써야 할 개별 목차에 주목해보자. 목차가 장과 절로 구성되어 있다면 절 하나씩만 보면서 책을 쓰면 된다. 즉, 하루에 하나의 절만 끝낸다는 생각으로 책을 써나가면 3개월

이 되지 않아 책 한 권을 완성할 수 있다. 실제로 대부분의 책은 이 정도 분량이면 된다. 나는 블로그에 글을 하나씩 올린다는 생각으로 하루 하나씩 절을 써나갔다. 소설과 같은 문학 장르의 경우 모든 스토리가 연결되어야 하니 이런 방법으로는 쓰기 힘들겠지만 경제경영 서적이나 컴퓨터 서적, 자기계발 서적 등 대부분의 책은 전체적인 내용이 하나의 큰 주제로 연결되는 구조이기 때문에 가능하다.

시대가 많이 변했다. 책을 내는 것도 예전만큼 어렵지 않다. 특히 전자책 시장이 성장하고 있기 때문에 종이책이 아니더라도 전자책을 냄으로써 저자로서의 명성을 쌓을 수 있다. 더군다나 전자책은 콘텐츠가 탄탄하다면 분량이 적더라도 얼마든지 출간이 가능하다. 분량이 적은 만큼 글쓰기에 대한 부담 또한 덜 수 있기 때문에 책을 내고자 한다면 전자책에 관심을 가져보길 바란다.

책을 내기 전에는 나만의 확실한 차별점이 없었다. 하지만 책을 내고 활동하면서 퍼스널 브랜드를 얻은 것은 물론 돈도 벌게 되었고, 확장된 소셜네트워크를 바탕으로 비즈니스도 가능해졌다. 퍼스널 브랜드가 블로그에서 시작했다면 그 완성은 책이 된 셈이다. 물론 나의 퍼스널 브랜딩은 아직 끝난 것이 아니라 아직도 현재진행형이다. 자신만의 퍼스널 브랜드를 확고히 구축하고 싶다면 책 쓰기에 도전해보라. 분명 힘든 작업 과정을 거쳐야 하지만 자기 이름 석 자가 박힌 책을 받아들었을 때의 희열은 말로 다할 수 없다.

이렇게 책을 썼다면 이제 출판사를 잡아야 한다. 책을 쓰기 전에 출판사와 출판 계약을 하면 좋겠지만 책을 처음 내는 사람에게는 쉽지 않은 일이다. 출판사와 계약하고 책을 쓰겠다는 생각으로 쓰는 것을 미루기 시작하면 한도 끝도 없기 때문에 우선은 책을 써나가면서 출판사를 잡는 것이 좋다. 출판사를 잡을 능력이 된다면 먼저 출판 계약부터 하는 것이 가장 좋다. 출판사와 책의 전체적인 방향에 대한 합의를 마친 상태에서 집필에 들어가기 때문에 안정적인 상태에서 시작할 수 있다. 출판사와 협의가 끝났으니 나중에 원고가 뒤바뀔 염려도 없다.

책을 쓰기 전에 출판사 잡기가 힘들다면 목차와 20페이지 분량 정도의 샘플 원고를 작성한 다음에 출판사와 미팅해보는 것이 좋다. 나의 경우에는 초고를 완성한 다음에 출판사와 접촉했다. 원고에 자신이 있다면 초고를 완성한 다음 출판사에 투고해도 문제는 없다. 출간 기획서는 출판사와의 논의 및 협상에서도 아주 중요한 역할을 하기 때문에 소홀하게 생각해서는 안 된다. 물론 책을 두 권, 세 권 내게 될 무렵에는 일일이 기획서를 작성하지 않아도 된다. 이때는 어느 정도 능력을 인정받은 단계에 이르기 때문에 주제와 목차 정도만 있어도 충분히 출판사와 협상할 수 있다.

꾸준함이 답이다

· · ·

퍼스널 브랜딩? 알고 보니 별로 어려운 것은 아니란 생각이 들지 않는가? 우리는 알게 모르게 퍼스널 브랜드를 구축해오고 있다. 물론 의식적으로 할 때와 그렇지 않을 때의 효과는 천양지차다. 하지만 방법론적으로 보면 특별한 이야기도 아니다. 문제는 퍼스널 브랜드를 구축할 만큼의 소양이 되느냐 안 되느냐에 있다.

10년 이상 한 산업 분야의 일을 해온 직장인이 있다. 다들 알겠지만 몇 년씩 같은 일을 하다 보면 어느 누구에게도 뒤지지 않을 정도의 전문 지식과 식견, 노하우가 쌓이기 마련이다. 그런데 아무도 이런 사실을 알아주지 않는다. 알리지 않았으니 알아주지 않는 건 지극히 당연하다. 그럼 어떻게 해야 할까? 적극적으로 알려야 한다. 이때 '스마트'와 '소셜'이 필요하다.

그런데 기본 소양이 뒷받침되지 않으면 말짱 도루묵이다. 결국 퍼스널 브랜딩의 핵심은 홍보나 이미지 메이킹이 아니라, 자신의 분야에서 최고가 되는 것이다. 겉으로 드러나지는 않지만 속에 품고 있는 내공이 대단한 사람이 있다. 이러한 사람들이 스마트와 소셜을 만나면 날개를 달고 스타가 될 수 있다.

이에 비해 제대로 된 내공도 없으면서 자기를 포장하기 바쁜 사람들이 많다. 마케팅 한번 제대로 진행한 적도 없는 사람이 마케팅 전문가로 둔갑하기도 하고, 창업을 해서 제대로 성공해본 적도 없는 사람이 창업 전문 컨설턴트로 활동하기도 한다. 이런 사람들은 일시적으로 반짝 빛날 수 있을지 몰라도 오래지 않아 밑천이 떨어지면서 도태된다. '강한 자가 살아남는 것이 아니라 살아남는 자가 강한 자'라는 말이 있다. 당장의 이익을 위해 자신을 포장하지 말고 퍼스널 브랜드를 제대로 구축해 오랫동안 살아남으려는 노력이 중요하다.

이처럼 꾸준히 깜냥을 쌓아나가는 일은 매우 중요하다. 사람에게 있어 일생 동안 주어지는 기회는 한정되어 있고, 기회가 왔을 때 낚

▲ 퍼스널 브랜드 구축을 위한 9가지 단계를 소개한 인포그래픽(출처: sestyle.it). 원본 이미지와 자세한 내용은 블로그(ggamnyang.com/1388)를 통해 소개하였다.

아채기 위해서는 준비가 필요하다. 이런 준비가 되어 있다면 퍼스널 브랜드를 구축하기 위해 따로 노력하지 않아도 자연스럽게 기회가 주어지기도 한다. 물론 노력하면 그 시기는 더욱 빨라지고 효과 또한 더 커질 것이다.

핵심은 자기 분야에서 최고가 되는 것

이탈리아의 소셜마케팅 전문 사이트 sestyle.it에서는 퍼스널 브랜드 구축을 위한 9가지 단계에 대한 인포그래픽infographic[1]을 발표했다. 이 9가지 단계를 따르면 자신의 퍼스널 브랜드 구축을 위한 전략을 좀 더 쉽게 수립할 수 있다. 이 단계에서는 가장 먼저 내가 누구인지, 무엇을 원하는지에 대해 파악하라고 한다. 그런 다음에 블로그, 페이스북과 같은 소셜미디어를 적절히 활용해서 퍼스널 브랜드를 구축하는 것이다. 퍼스널 브랜드 구축을 위해 우선적으로 해야 하는 일이 바로 자신의 현재 위치를 파악하는 일이다. 나의 역량에 따라 퍼스널 브랜드 구축 전략이 달라지기 때문이다.

퍼스널 브랜드를 구축하게 되면 아무도 내가 갖고 있는 것을 뺏을 수 없다. 나는 그 누구로도 대체할 수 없는 존재가 된다. 다른 누가

---

1 정보, 자료 또는 지식을 시각적으로 표현한 것. 정보를 구체적, 표면적, 시각적으로 전달한다는 점에서 일반적인 그림이나 사진과는 구별된다. 복잡한 정보를 빠르고 명확하게 설명하는 기호, 지도, 기술 문서 등에서 사용된다.

깜냥 윤상진을 대체할 수 없고, '깜냥이의 웹2.0 이야기!' 블로그를 빼앗을 수 없다는 말이다. 퍼스널 브랜드는 이 세상에서 오로지 나만이 누릴 수 있는 특권을 부여한다. 세상에 꼭 필요한 사람으로 거듭나게 되는 셈이다.

퍼스널 브랜드가 구축되었다고 해서 끝난 것은 아니다. 구축되고 난 후 유지하는 것이 더 힘들다. 끊임없이 사람들이 관심을 가질 만한 이슈를 찾아야 하고 블로그나 페이스북에도 새로운 정보들을 제공해야 한다. 칼럼이나 책도 지속적으로 써야 한다. 활동이 뜸해지면 금방 잊혀지게 된다. 문제는 한번 큰 흐름에서 밀려나면 다시 올라가기가 힘들다는 점이다. 꾸준함밖에는 답이 없다. 퍼스널 브랜드를 유지하고 싶다면 끊임없이 자신을 채찍질해야 한다. 분명 힘든 일이기는 하지만 이 과정을 이겨내기만 하면 당신이 원하던 미래에 더욱 가까워질 것이다.

- '퍼스널 브랜드'란 개개인을 대표하는 이미지이다. 이러한 이미지를 포장하고 알리는 작업을 '브랜딩' 혹은 '퍼스널 브랜딩'이라 한다.

- 스마트 소셜 시대가 되면서 누구나 소셜미디어와 스마트폰을 이용해 퍼스널 브랜딩을 할 수 있게 되었다. 블로그, 페이스북 등의 소셜미디어를 통해 나를 조금씩 계속해서 알리는 과정이 필요하다.

- 소셜미디어의 꾸준함은 매스미디어에 비할 수 없는 위력을 발휘한다.

- 블로그는 퍼스널 브랜딩의 기본이다. 블로그를 통해 나를 세상에 드러내는 연습을 해보자.

- 개인이 활용할 수 있는 미디어로 페이스북만 한 것이 없다. 페이스북을 통해 자신을 알리면 퍼스널 브랜드도 자연스럽게 형성된다.

- 퍼스널 브랜드를 확고히 구축하고 싶다면 책쓰기에 도전해보라. 책은 퍼스널 브랜드를 구축할 수 있는 가장 강력한 수단이다.

- 퍼스널 브랜드를 구축하고 유지하는 데에는 꾸준함 외에 답이 없다. 하루에 한 번씩 포스팅을 하다 보면 이것이 차곡차곡 쌓여 큰 재산이 될 것이다.

요즘 대한민국에는 '스타트업startup' 열풍이 거세게 불고 있다. 정부는 실업률을 낮추기 위해 창업을 장려하고 있다. 창업을 독려하기 위한 다양한 지원 프로그램도 내놓고 있다. 하지만 창업으로 내몰기만 할 뿐 실패했을 때의 대안은 제시하지 못하고 있다. 젊었을 때의 실패는 좋은 경험이 될 수 있지만 실패에 인색한 대한민국에서는 재기의 기회조차 주어지지 않는 경우가 허다하다. 창업할 수 있는 방법은 많다. 그러나 창업을 시도하는 사람들은 저마다 성향이 다르다. 안정성을 추구하기도 하고 도전을 즐기기도 한다. 만약 도전을 즐긴다면 당신의 방식대로 밀고 나가라! 이에 비해 더디지만 안전하게 성공에 도달하고자 한다면 지금부터 '스마트하게, 소셜하게' 창업하는 방법에 대해 알아보자.

제2부

창업

1인 기업가를 위한 창업 로드맵

'깜냥'을 쌓는 것이 중요하다

● ● ●

'스타트업startup'이 유행처럼 번지고 있다. 제2의 벤처 붐이라 해도 어색하지 않을 정도다. 정부에서는 창업 관련 예산 지원을 대폭 강화하고 있으며, 이에 따라 창업 관련 투자, 교육, 컨설팅, 사무실 임대 등 부대사업도 성업 중이다. '벤처스퀘어'나 '플래텀'과 같이 스타트업만을 전문적으로 다루는 미디어도 등장하고 있는 것을 보면 스타트업, 창업이 이 시대의 주요 키워드임에는 분명해 보인다.

정부에서는 좀처럼 신입사원을 뽑지 않는 기업들 때문에 취업이 힘들어진 청년들에게 발 벗고 나서 창업을 독려하고 있다. '창조경제'를 핵심 키워드로 내세우면서 새로운 것을 만들어보라고 자극하고 있으니, 만들어내기만 하면 정부에서 나서 모든 것을 해결해주지 않을까 하는 생각이 들 정도다.

하지만 창업이 말처럼 쉬웠다면 대한민국 5천만 국민 모두가 사장이 되지 왜 남의 밑에서 종업원으로 일하고 있겠는가? 분명 지금의 사회 분위기나 요건 등이 창업을 꿈꾸는 많은 사람들에게 기회가 될 수 있지만 그렇다고 성공을 보장해주는 것은 아니다.

장밋빛 환상은 버려라! 분위기에 휩쓸리지 마라! 믿을 건 오로지나 자신뿐이다. 자신의 분야에서 최고가 되면 기회는 스스로 찾아온다. 결국 창업 이전에 자신의 분야에서 최고가 될 수 있도록 깜냥을 쌓아야 한다. 그러기 위해 현재 자신이 하고 있는 일, 비즈니스, 앞으로 이루고 싶은 꿈과 비전에 집중해야 한다.

창업에 성공한 사람들의 화려한 이야기는 언론에서도 앞다퉈 소개하고 많은 이들에게 회자된다. 그러나 실패한 사람들의 이야기는 세간의 무관심 속에 묻힌다. 이것이 세상 돌아가는 이치이기는 하나 그로 인해 많은 이들이 착각의 늪으로 빠지는 경우가 허다하다. 누구나 창업만 하면, 아이디어만 좋으면, 페이스북 창업자인 마크 주커버그 Mark Zuckerberg처럼 돈방석에 앉으리라는 헛된 꿈을 꾸게 되는 것이다.

성공한 것처럼 과도하게 외부에 알려진 기업치고 실속 있는 기업은 많지 않다. 때로는 기업 가치를 부풀리기도 하고 언론에 의해 포장되기도 한다. 재미있는 사실 하나는 이러한 기업을 페이스북에서 어렵지 않게 찾아볼 수 있다는 점이다. 페이스북만 보면 거의 모든 친구들이 자기 자랑을 하고 있다. 과연 페이스북에서 보이는 것처럼 다들 그렇게 잘나가기만 할까? 실상을 보면 전혀 그렇지 못한 경우도 허다하다. 실제로는 그렇지 않으면서도 잘나가는 것처럼 포장하고 허세를 부리는 사람이 더 많을 정도다. 그런데 이 사람들은 왜 이렇게 허세를 부릴까? 이것도 영업의 한 방편이라면 믿겠는가? 잘나

간다고 포장하고 있는 친구에게 전화해서 술 한잔 사라고 이야기하면 금방 죽는 시늉을 하면서 실상을 이야기해줄 것이다.

도전의 필수 조건

사실 사업에 실패한 모두가 패가망신하는 것은 아니다. 실패한 사람도 아주 크게 실패해야 사람들의 입방아에 오르내리기 때문에 그렇게 보일 뿐이다. 대체로는 실패하더라도 큰 손실 없이 사업을 정리하는 사람이 훨씬 많다. 이런 부정적인 인식 탓인지 많은 사람들은 사업하다 망하면 큰일 나는 줄 안다. 특히 나이 지긋하신 어르신들은 사업한다고 하면 집안 말아먹기 전에 그만두고 월급 받으면서 편하게 직장에 다니라고 타이른다.

나 또한 이십대 후반에 지인과 함께 '베네컴'이라고 하는 이벤트 프로모션 회사를 설립했다가 2년도 안 되어 폐업한 적이 있다. 2002년에 불어닥친 카드 대란의 여파였다. 1년 남짓한 기간 동안 무보수로 일하긴 했지만 큰 손실은 없었다. 물론 사업을 하다가 망하면 어느 정도의 손실은 발생한다. 그렇다고 길거리로 내몰릴 정도로 망하기도 쉽지 않다. 창업이나 사업을 한다는 것 자체를 신중하게 접근해야 하는 건 당연하지만 막연하게 두려워하지만은 않길 바란다. 잘 모르면 두려울 수밖에 없지만 명확하게 보이기 시작하면 자신감이 샘솟을 것이다. 걱정할 필요가 없다.

나는 강연을 할 때마다 청중들에게 내가 운영하는 블로그 이름, '깜냥이의 웹2.0 이야기!'에 들어 있는 '깜냥'의 의미를 아는지 묻곤 한다. 처음에는 의외로 깜냥의 의미를 모르는 사람이 많다는 사실에 놀라곤 했다. 깜냥의 사전적 정의는 '스스로 일을 헤아림 또는 헤아릴 수 있는 능력'이다. 국립국어원은 2009년 3월, 스펙을 높인다는 뜻의 '스펙 업spec up'이라는 외래어를 대체하는 순수 우리말로 '깜냥 쌓기'를 선정하기도 했다. 스펙 업은 조건을 강조하는 개념이며, 깜냥은 능력을 강조하는 개념이다. 깜냥이 강조되면 스스로의 노력으로 좋지 않은 조건을 극복할 가능성이 열린다는 의미로 통한다. 요컨대 깜냥을 쌓게 되면 인간을 규격이나 명세서로 평가하는 세속적인 시대의 흐름을 비껴갈 수 있지 않을까?

결국 사업을 하건 뭘 하건 간에 자신만의 깜냥을 먼저 쌓아야 한다. 사실, 세상을 살아가는 것 자체가 깜냥을 쌓는 일이다. 모든 일에 의미를 두고 가치를 만들어나가기 위해 노력한다면 말이다.

내가 앞으로 하려는 이야기는 오로지 창업에 대한 이야기가 아니다. 나 자신의 깜냥을 어떻게 쌓을 것인가, 비즈니스를 어떻게 할 것인가에 대한 이야기이다. 깜냥을 쌓으면서 '스마트하고 소셜하게' 자신에게 주어진 일들을 수행하다 보면, 창업으로까지 자연스럽게 이어질 수 있게 된다. 인생을 주체적으로 개척하기 위해서는 꿈을 이루는 데 필요한 깜냥을 쌓으면서 세상에 나갈 준비를 해야 한다.

언제부터 준비할 것인가

● ● ●

'필feel이 꽂히면' 주체하지 못하고 실행에 옮기는 사람들이 있다. 이들은 일단 저지르고 나중에 문제가 생기면 수습하면 된다는 맹목적인 긍정 마인드로 사업에 임한다. 이러한 실행력은 물론 사업에서 굉장히 중요한 요소이다. 비즈니스맨으로서 나에게 가장 부족한 부분이 바로 실행력이기도 했다. 기회를 보고 과감하게 실행에 옮겼더라면 내 비즈니스는 지금보다 더 잘나가고 있을지도 모른다. 그러나 실행력이 다소 부족하다 하더라도 차근히 준비 과정을 밟는다면 실패하지 않을 확률이 더 높아지지 않을까? 성공할 확률을 높이기보다 실패할 확률을 낮추는 것도 중요한 법이다. 강한 자가 살아남는 것이 아니라 살아남는 자가 강한 자라는 사실을 명심하길 바란다.

준비할 것이 너무나 많아 보이겠지만 우선은 창업하고 싶은 분야에 대한 퍼스널 브랜드를 구축하는 것이 관건이다. 속된 말로 '듣보잡'보다는 다리 하나라도 걸치고 있는 편이 훨씬 유리하다는 이야기다. 내가 와이드커뮤니케이션즈를 창업하기 훨씬 전부터 사람들은 나에게 블로그 마케팅에 대해 자문을 구해왔다. 하지만 나는 블로그 마케팅에 블로거로 참여한 적은 있어도 직접 마케팅 전략을 수립하거나 실행한 경험이 없었다. 그래도 사람들은 내가 블로그 마케팅 전문가인 줄 안다. 왜일까? 블로그 전문가로서 브랜딩이 되어 있었기 때문이다. 물론 글을 어떻게 써야 하고 방문자를 어떻게 모으는지에 대해서는 오랜 공부와 경험으로 전문 지식이 있었지만 마케팅적으로 어떻게 성과를 내는가는 별개이다.

창업하고자 하는 분야에 대해서 이미 브랜드가 구축되어 있다면 비교적 빠른 기간 내에 매출을 올리고 자리를 잡을 수 있다. 중요한 것은 퍼스널 브랜드를 언제 구축하느냐인데, 사실 우리에게는 유비무환의 미덕을 알면서도 일이 닥쳐야 움직이는 못된 습성이 있다. 퍼스널 브랜드도 마찬가지다. 창업한 이후에 퍼스널 브랜드를 구축하려 하면 냉정하게 말해 이미 늦었다. 퍼스널 브랜드는 학교나 직장에 소속되어 있을 때부터 차근차근 준비하고 만들어야 한다. 창업한 이후에는 돈 벌 궁리에 바빠 퍼스널 브랜드를 구축할 여유조차 없다.

창업한 이후에는 이미 늦다

내가 2006년부터 블로그를 꾸준히 운영할 수 있었던 것은 안정적인 직장이 있었기 때문에 가능했다. 회사에서도 쉬는 시간이면 블로그에 글을 올렸고, 퇴근 후 늦은 밤에도 글을 썼다. 그 시절에는 피곤한 와중에도 짬을 내 블로그에 글을 쓰는 것이 마냥 좋았다. 그런데 정작 창업을 한 이후에는 전혀 그럴 짬이 나지 않았다. 모든 신경이 비즈니스에 집중되다 보니 한가로이 블로그에 글을 쓸 여유가 없었다. 솔직히 예전에는 블로그에 글 쓰는 것 자체가 좋아서 포스팅을 했지만 요즘은 의무감으로 할 때도 많다. 블로그에 최신 이슈를 다루지 않으면 급변하는 시대에 도태당할 것 같은 불안감 때문이다. 페이스북도 마찬가지다. 페이스북에 접속해 이른바 '눈팅'만 하다가 며칠 신경 못 쓰면 업데이트를 하나도 못하고, 그러다 보면 일주일, 한 달이 후딱 간다. 이런저런 비즈니스 업무들로 바쁘다 보면 페이스북에 짧은 글 하나 올리기도 버겁다.

블로그를 꾸준히 운영해온 나도 이럴 지경인데 창업한 이후에 블로그나 페이스북을 시작해서 퍼스널 브랜드를 구축하기가 얼마나 어렵겠는가? 사실 창업한 이후에는 퍼스널 브랜드를 구축하기보다는 어떻게 하면 좋은 비즈니스 모델을 만들어낼지에 더욱 집중해야 한다. 이렇게 해서 좋은 비즈니스 모델을 만들어냈다면, 그 결과물을 바탕으로 퍼스널 브랜드를 구축하는 것이 맞다. 비즈니스적으로 성공하게 되면 언론에도 소개될 기회가 생기기 때문에 퍼스널 브랜드는 자연스럽게 따라오는 부산물이라 할 수 있다.

다시 강조하지만 퍼스널 브랜드를 비즈니스에 활용하고 싶다면 창업하기 전부터 구축해야 한다. 그래야 창업에 도움이 된다. 특히 소속이 있을 때 하는 퍼스널 브랜딩은 재미있고 여유 있게 할 수 있지만 창업한 이후에는 조급한 마음에 홍보에만 열을 올리다 마는 경우가 다반사다.

창업을 꿈꾸고 있다면 관심 분야에 대해 공부하고 정보를 수집하라. 창업을 준비하면서 배우고 느끼는 점들도 많다. 그렇다면 이게 다 글쓰기 소재가 아닌가? 공부한 내용, 좋은 정보, 느낀 점, 앞으로의 계획들을 블로그나 페이스북에 공유해보라. 창업하기 전에 이미 전문가로 브랜딩이 되어 있을지도 모른다. 당신만의 이야기가 곧 퍼스널 브랜드가 된다.

실패할 확률을 낮추는 방법

● ● ●

세상 살기 참 힘들다. 취업하기도 힘든데 취업하고 나면 더 힘들다. 연일 계속되는 야근에, 회식에, 주말에는 경조사까지 챙기고 나면 마음 편히 하루라도 쉬고 싶다는 생각이 절로 든다. 결혼하고 아이 까지 생기면 정말로 하루 종일 마음 놓고 푹 쉬어보는 것이 소원일 정도로 힘든 생활이 계속된다. 이래서야 미래를 위해 무엇인가를 준 비할 짬이 나겠는가?

흔히 '워커홀릭workaholic'이라 불리는 사람들이 있다. 세상 그 무 엇보다 일이 우선이어서 오로지 일에만 몰두하며 사는 사람을 뜻한 다. 이러한 워커홀릭은 개인 생활도 거의 포기하고 살기 일쑤이고 간혹 미래에 대한 대비책을 마련하지 않아 곤란을 겪기도 한다. 안 타깝게도 느닷없이 회사에서 토사구팽당하고 거리로 내몰릴 수도 있다. 공감을 하거나 하지 않거나는 여러분의 몫이지만, 회사에 재 직할 때는 당연히 회사 일에 충실하되 그렇다고 지나치게 충성할 필요는 없다고 본다. 자루 하나에 당신의 능력을 '올인'하기보다는 자루를 여러 개 준비해야 하지 않을까?

사업을 하기 위해서는 다양한 경험과 노하우가 필요하다. 그것을 창업한 이후에 겪기보다는 흔히 말하는 투잡two jobs, 즉 겹벌이 형태로 준비해보는 것도 좋다. 직장 생활을 하면서 겪어보면 위험도는 최대한 줄이면서 다양한 시도를 해볼 수 있다. 직장은 여러 가지 시도를 해볼 수 있는 좋은 기반이 되어준다. 일단은 안정적으로 월급을 받고 있기 때문에 투잡으로 돈을 못 벌더라도 먹고사는 데는 지장이 없다. 투잡으로 시작하게 되면 대규모 사업자금을 투입하는 게 아니라 소자본으로 시작하는 경우가 대다수라 실패해도 위험이 적다는 장점이 있다. 다만 업무 시간 이외의 자투리 시간을 활용해야 하는 만큼 총력을 기울일 수 없다는 단점도 있다. 따라서 투잡으로 떼돈을 벌겠다고 접근하기보다는 본 사업을 창업하기에 앞서 나름의 경험을 쌓는다는 생각으로 접근하는 편이 좋다.

투잡은 어떻게 시작하는 것이 좋을까? 우선 관심 분야에 어떻게든 발을 들여놓는 것이 중요하다. 쇼핑몰 창업을 꿈꾼다면 새벽바람을 맞으며 동대문 시장에 나가 팔릴 만한 상품을 사보는 것이 어떨까? 들여온 상품의 사진을 찍어 오픈마켓에 올려 팔아보면 쇼핑몰 창업에 필요한 거의 모든 과정을 경험한 것이라 할 수 있다. 몇 차례 해보면 나도 쇼핑몰 창업을 할 수 있다는 자신감이 생길 것이다.

개인적인 활동 영역을 넓히면서 시작하는 방법도 괜찮다. 창업하려는 분야와 관련된 커뮤니티에 가입해서 정보도 교류하고 인맥을 쌓으면 창업할 때 큰 힘이 된다. 자신이 얻은 정보를 블로그를 통해 공유하는 것도 좋은 개인 활동이 될 수 있다. 이렇게 해서 퍼스널 브랜드노 구축하면서 관련 업계 사람들과 교류하면 훗날 창업한 이후에 많은 도움을 받을 수 있다. 필요하다면 개인사업자로 시작해도 무방하다. 직장인이라도 얼마든지 개인사업자를 내고 수익 활동을 할 수 있다. 물론 회사에서 알면 좋아하지는 않겠지만 말이다.

나도 직장을 다니면서 투잡으로 여러 가지 경험을 쌓고 적게나마 수익도 올렸다. 창업하여 독립하기 전 직장이 '아이네크'라고 하는 전자도서관 솔루션 기업이었는데, 이곳에서 창업에 필요한 대부분의 과정을 준비했다 해도 과언이 아니다. 우선 블로그를 꾸준히 운영하고 있었기 때문에 구글 애드센스로 광고 수익을 조금씩 올렸다. 이 외에도 제품 리뷰나 서평, 칼럼, 캠페인 참여 등으로 꾸준히 수익을 챙겼다.

블로그뿐만 아니라 여러 개의 사이트도 운영했다. 그중 대표적인 사이트가 바로 메타블로그인 블로그와이드다. 메타블로그란 블로그 글을 수집해서 보여주는 블로그 전용 포털 사이트라고 이해하면 쉽다. 사이트 규모가 작은 편이 아닌지라 어떤 이는 이런 메타블로그를 나 혼자 운영한다고 하면 믿으려 하지 않을 정도였다. 사실 힘들어도 포기하지 않고 사이트를 운영해왔던 것은 내가 사업을 해야겠다고 결심한 이유가 바로 여기에 있었기 때문이다. 나는 블로그와이드를 사업화해서 꼭 성공시키고 싶었다.

창업 관련 정보를 얻기 위해 관련 세미나에도 많이 참석해서 정보를 얻었다. 독립하기 전에 직장 생활과 병행하여 가능한 많은 일들을 경험하고자 했다. 결국 나 같은 경우에는 직장 생활을 하면서 했던 개인 활동을 풀타임으로 전환한 것이 창업이 되었다고 할 수 있다. 개개인의 상황뿐만 아니라 사업의 규모도 모두 다르겠지만, 창업 전 직장 내에서의 준비는 절대적이다.

경험과 노하우를 얻을 기회

이렇게 투잡 형태로 시작하여 관심 분야에 대한 경험도 해보고 인맥도 쌓고 수익까지 올리면 금상첨화 아닐까? 이러한 투잡의 성과는 실제 창업 과정에서 엄청난 힘을 발휘할 수 있다. 물론 회사에 일이 너무 많거나 집에 돌아와도 집안일, 육아로 짬을 낼 수 없다면 이마저도 힘들 수 있다. 그러나 한 가지 이야기해주고 싶은 것은, 시간이란 의지가 있다면 자연스럽게 만들어질 수 있다는 평범한 사실이다.

내가 첫 책《소셜 웹 사용설명서》를 한창 쓰는 중에 첫째 아이가 태어났다. 그래서 반쯤 쓰던 책을 잠시 접고 육아에 전념해야 했다. 첫째가 백일이 지나던 즈음에 나는 다시 집필을 시작했다. 하지만 직장 생활을 하고 퇴근 후에는 육아까지 하다 보니 정말 시간이 나질 않았다. 그래서 어쩔 수 없이 밤을 새워가면서 책을 쓰기 시작했다. 그때의 여파였는지 책이 출간된 이후에 대상포진에 걸리기도 했다. 면역력이 바닥까지 떨어지면 걸린다는 그 고약한 병 말이다. 그 정도로 힘들었지만 보람 있는 시간이었다. 시간이 없다는 핑계는 버려라. 단지 의지와 열성이 부족할 뿐이다.

나는 20대 후반인 2002년경에 직장 상사와 함께 무턱대고 대책 없이 사업을 시작한 적이 있다. 사업을 시작했다기보다는 능력 있어 보이는 직장 상사의 달콤한 제안을 덥석 받아들였다는 표현이 옳을 듯하다. 이벤트 프로모션 기획사였는데 외환카드와 낙산해수욕장에서 쿨 비치 페스티벌과 같은 대규모 프로모션을 진행하는 등 나름대로 규모 있는 행사도 많이 했다. 하지만 카드대란으로 카드사들이 대대적으로 마케팅 비용을 줄이면서 직격탄을 맞고 말았다. 주야장천 이벤트 프로모션, 고객 서비스 프로그램을 기획해서 제안하기 바빴지만 더 이상 일을 수주하지 못했다. 솔직히 한 건만 터지면 다 보상받을 수 있을 것이라는 안일한 생각에 1년이 넘도록 별다른 소득 없이 버텼다. 젊음의 열정을 다 바쳐 일했기 때문에 쉽게 포기할 수도 없었다. 그러나 일 없이 1년을 버티다 결국 회생하지 못하고 폐업의 길을 걸었다.

지금 생각해보면 정말 어처구니없는 일이다. 미혼이었으니 가능했지만 가장 왕성하게 일해야 할 시기였던 그 1년을 암흑기로 보낼 수밖에 없었다는 점이 두고두고 후회스러웠다. 그때 뼈저리게 느꼈다. 사업을 하기 전에 반드시 철저히 준비하고, 실패했을 때를 대비해서 안전장치나 대안을 꼭 만들어야 한다는 사실을 말이다. 창업하여 회사가 돈을 못 벌더라도 개인적으로라도 돈을 벌 수 있는 수익모델을 갖고 있는 것도 중요하다.

젊어서 고생은 사서도 한다고 한다. 분명 직장 생활과 병행하여 투잡으로 개인 사업을 하기는 힘에 부칠 것이다. 하지만 투잡을 통해 다양한 시도를 해보고 차근히 준비한다면 실패할 확률은 점점 줄어들게 될 것이다.

기회를 과감하게 낚아채라

● ● ●

대한민국 정서상 사업을 하겠다고 하면 열에 아홉은 일단 말리고 본다. 워낙 여기저기에서 겁을 주니 정작 사업을 하겠다고 마음을 먹어도 실행에 옮기기가 두려워진다. 게다가 사업을 하면 처리해야 할 회계, 4대 보험, 세무, 관리 등 잡다한 일들이 머릿속을 가득 메우면서 점점 자신감을 잃기 십상이다.

결론부터 이야기하자면 준비는 철저하고 꾸준하게, 차분히 하더라도 기회가 오면 과감하게 밀어붙여야 한다. 준비는 어떤 형태로든 누구나 하고 있다. 어떤 이는 영어 공부를 하고, 어떤 이는 은퇴 계획을 세우고, 어떤 이는 투잡을 한다. 또 어떤 이는 퍼스널 브랜드를 구축하기 위해 노력한다. 하지만 기회가 왔을 때 실제로 실행에 옮길 수 있는 사람은 많지 않다. 누군가는 평생 준비만 하다가 좋은 시절 다 보내고 후회할 수도 있다.

누누이 강조하지만 준비가 철저히 되어 있어야 기회도 포착할 수 있는 법이다. 창업에 대한 두려움을 극복하기 위해서는 철저한 준비와 기회를 포착하는 사업적 감각이 필요하다. 그리고 기회가 왔을 때 절묘하게 낚아챌 능력이 있어야 한다.

나 역시 이러한 기회를 어떻게 포착하고 살릴지 수많은 고민을 반복하면서 10년을 보냈다. 블로그와 페이스북, 책 출간으로 퍼스널 브랜딩은 어느 정도 성공했지만 창업은 이와는 또 다른 차원의 문제였다. 수익모델이 명확하지 않다는 점이 항상 고민거리였다. 창업을 결심할 마땅한 계기도 없었다. 그렇게 많은 고민의 나날을 보내던 중 두 번째 책인 《소셜커머스, 무엇이고 어떻게 활용할 것인가》가 출간되었다.

반응은 기대 이상이었다. 소셜커머스 자체에 대한 관심도 많았지만 소셜커머스로 창업하고자 하는 예비 창업자들이 몰리면서 소셜커머스 창업 분위기가 한창 무르익은 시점이었다. 때마침 나온 이 책은 거의 최초로 소셜커머스를 다루기도 했고 내용도 실전 중심이어서 많은 사랑을 받았다. 여기저기에서 강연, 칼럼 요청이 쇄도했다. 도저히 직장 생활을 하면서 감당할 수 있는 수준이 아니었다. 그때 과감히 사표를 던지고 창업의 길로 들어섰다.

나의 경우, 지식 산업과 마케팅 대행이 주력 사업이었기 때문에 1인 기업으로 시작해도 충분했다. 일단은 사무실을 내지 않아도 되었고 직원이 없으니 인건비 걱정도 없었다. 물론 아내를 설득하는 것은 힘들었다. 그런데 사표를 내기도 전에 블로그 마케팅 대행 건이 성사되면서 다행히 아내의 동의를 구할 수 있었다. 정녕 하늘은

▼ 창업에 이르기까지의 과정

블로그 시작 → 퍼스널 브랜드 구축 → 투잡 시작 → 책 출간 → 기회 포착 → 창업 성공

스스로 돕는 자를 돕는다는 말이 실감 났다. 이렇게 해서 2011년 4월에 창업을 하게 되었고 지금까지 비즈니스를 영위하고 있다.

두려움을 어떻게 극복할 것인가

창업을 결심하면서 막연히 갖게 되는 감정 중 하나가 사업체를 어떻게 운영할 것인가에 대한 두려움이다. 비즈니스는 어떻게든 하면 될 것 같은데 회계, 세무, 관리 등을 어떻게 해야 할지 난감할 것이다. 하지만 전혀 두려워할 필요가 없다. 사업체를 운영해본 경험이 없으니 두려움을 느끼는 건 당연하지만 닥치면 다 하게 되어 있다. 나 역시 동업의 형태로 사업을 해보기는 했어도 경영 관리 업무는 경험해본 적이 없던 터라 정말 난감했다. 어떤 일을 하기 전에 미심쩍은 점이 있으면 제대로 집중이 안 되는 성격 탓에 사소한 것까지 일일이 알아보기도 했다. 그런데 다 부질없었다. 실제 상황에 뛰어들면 해낼 방법이 생겼다. 그렇게 어렵지도 않았다. 오히려 이것저

것 많이 알아보다가 되레 판단하기가 어려운 경우도 많았다.

그러니 미리부터 겁먹을 필요가 없다. 일단 자신 있게 부딪치면 된다. 우선 부딪치고 잘 모르겠다 싶으면 그때 검색을 하거나 여기저기 전화해서 물어보아도 금방 답이 나온다. 세금계산서 발행, 부가세 신고, 종합소득세 신고 등 거의 모든 세무 업무들이 인터넷으로 가능하기 때문에 걱정하시 않아도 된다. 나도 세무 때문에 염려되는 점들이 많았는데, 홈택스 사이트에 들어가서 하라는 대로 하니까 안 되는 것이 없었다. 물론 몇 번의 시행착오를 겪기는 했지만 못하거나 포기한 건 아니다. 게다가 회계사를 이용하면 매월 기장료가 나가긴 해도 전문적인 도움을 얻을 수 있어 걱정할 일이 전혀 없다. 따라서 사업체 운영에 대해 지나치게 많은 걱정은 하지 않는 것이 좋다. 그러다가는 정작 중요한 비즈니스에 집중할 수 없다.

한번은 지방 행사 때문에 광고물을 제작할 일이 있어 인터넷 검색으로 지역 광고 제작사를 두 시간 동안 찾아 헤맨 적이 있었다. 너무 지쳐 마지막 보루로 남겨놨던 114에 전화해 물어보고 1분 만에 해결했다. 모르는 것이 있을 때 우선은 인터넷 검색에 의존하겠지만 그래도 가장 좋은 방법은 전화이다. 관련 업체나 114 등에 직접 물어보는 것이 가장 빠르고 정확하다. 검색으로 우회해서 알아보지 말고 직접 부딪혀보면 의외로 쉽게 해결할 수 있는 일들이 많다는 점을 명심하길 바란다.

마침내 기다리던 기회가 오면 가슴이 뛰기 시작할 것이다. 그걸 놓치지 마라. 창업할 수 있는 절묘한 타이밍을 호시탐탐 노려라. 그리고 기회가 왔다면 과감하게 낚아채라. 부수적인 일들은 지나치게 걱정하지 마라. 앞서 창업을 한 사람들이 이구동성으로 하는 말이 "어차피 닥치면 다 하게 되어 있다"는 것이다.

시작은 스마트워크다

● ● ●

사업, 참 거창하게 들린다. 누군가에게는 영원한 로망이기도 하고, 누군가에게는 두려움의 대상이기도 하고, 누군가에게는 짊어지기 힘든 무거운 짐이기도 하다. 그런데 사업이나 창업이 좋은 쪽으로든 나쁜 쪽으로든 이렇게 인식되는 것은 너무 부풀려진 감이 없지 않다.

최근에는 '1인 창조 기업'[2]이 각광받으면서 누구나 사장, 대표가 될 수 있는 상황이 마련되었다. 심지어 점포나 사무실조차 없는 사장, 대표도 있다. 세상이 참 많이 변했다. 직장에 소속되어 있어야만 돈을 벌 수 있다고 생각했던 소시민들이 들고일어난 것일까? 막상 내가 사업을 하려고 하면 망설이게 되지만 우리가 생각하고 있는

---

2 대통령령으로 정한 지식 서비스업, 제조업 등에서 창의성과 전문성을 갖춘 1인이 상시 근로자 없이 사업을 영위하는 기업을 말한다. 창업넷(ibiz.go.kr)에서 신청하고 지원받을 수 있다.

것보다 훨씬 많은 사람들이 창업을 하고 사업을 하고 있다. 사업, 제대로 알고 보면 그리 어렵지 않다.

특히 언제 어디에서나 인디넷에 접속할 수 있는 유비쿼터스 환경이 갖춰지면서 사무실이 없어도 얼마든지 일을 할 수 있는 '스마트워크smart work'가 가능해졌다. 스마트워크란 언제 어디서나 효율적으로 일할 수 있는 업무 개념으로 모바일 환경이 발달하면서 급속하게 확산되고 있다. 예전에는 사업을 한다고 하면 사무실부터 얻어야 한다고 생각했다. 사무실이 있어야 진짜 사업하는 기분이 나는 건 사실이다. 그런데 현실적으로 사무실 하나 얻으려면 몇천만 원의 보증금과 월세, 관리비까지 내야 하니 부담이 상당하다. 그렇다 보니 일정 수준 이상의 자본금을 확보하지 못하면 시작하기도 힘든 게 현실이었다.

혼자서도 일할 수 있는 환경

그런데 지금은 사무실이 별 의미가 없다. 특히 혼자 일하는 1인 기업에게는 더더욱 그러하다. 노트북을 펼치는 곳이 바로 사무실이 된다. 집에 사무환경을 갖춰놓고 재택근무를 할 수도 있고 스타벅스나 카페베네와 같은 카페에서도 얼마든지 업무를 볼 수 있다. 스마트폰 성능도 하루가 다르게 발전하고 있어 이제는 스마트폰으로도 일정 수준의 업무 처리가 가능하다. 스마트폰은 인터넷에 24시간 접속되어 있기 때문에 언제 어디에서든지 업무를 볼 수 있다. 급하게 메일을 보내기도 하고 간단하게 문서 작업도 하고, 심지어는 프레젠테이션도 할 수 있다. 게다가 태블릿PC까지 있으면 노트북이 필요 없을 정도로 완벽한 스마트워크 전용 오피스를 구현할 수 있다.

최근에는 창업 열풍과 함께 1인 기업도 증가하면서 보증금 없이 월 20~30만 원만 내면 사용할 수 있는 소호SOHO[3]사무실이나 비즈니스 센터도 많아졌다. 굳이 초기 투입 비용이 많이 드는 사무실을 무리해서 얻을 필요가 없다. 스마트워크를 이용하면 초기 자본금 없이도 사업을 시작할 수 있다. 사무실에 투자하지 말고 그 돈을 정말 필요한 다른 곳에 사용하는 것도 고려할 만하다.

사무실이 해결되었다면 이제 스마트한 업무 환경을 만들어야 한다. 기본적으로 업무를 보기 위해서는 오피스 프로그램을 비롯해 그래픽 프로그램, 백신 등 다양한 소프트웨어가 필요한데 사업 초기부터 유료로 구매해서 사용할 수도 없는 노릇이다. 불법복제 소프트웨어에 눈을 돌릴 수도 있겠지만 이 역시 옳은 방법은 아니다. 그런데 우리가 몰라서 그렇지 무료로 사용할 수 있는 소프트웨어나 서비스 중에 괜찮은 것이 정말 많다. 구글 오피스나 네이버 오피스, 스카이 드라이브와 같은 클라우드 서비스를 이용하면 고가의 오피스 프로그램을 구매하지 않고도 문서 작업을 할 수 있다. 구글 드라이

---

3 'small office home office'의 준말. 가정이나 작은 사무공간에서 인터넷 등과 같은 컴퓨터 통신망을 이용하여, 혼자 힘으로 자신만의 사업을 영위해가는 형태를 뜻한다.

▼ PC와 스마트폰에서 구동되는 다양한 소프트웨어와 서비스를 활용하면 스마트워크를 실현할 수 있다.

구분	서비스명	주요 용도
사무실	1인 사무실 및 소호 사무실	적은 비용(월 20~30만 원)으로 사무실 사용
	집, 카페, 스마트워크 센터	인터넷만 연결되면 어디에서든 업무 가능
문서 작업	구글 오피스, 네이버 오피스	웹으로 문서 작업이 가능하며 무료로 사용할 수 있는 서비스
	폴라리스 오피스	스마트폰으로 문서 작업이 가능하며 안드로이드 폰에는 기본으로 탑재되어 있는 앱
클라우드 작업	드롭박스, 구글 드라이브, N드라이브	클라우드 서비스에서 문서 파일 등의 파일을 관리하면 어떤 단말기에서 접속하든 동일한 환경에서 작업이 가능함
그래픽 작업	포토스케이프	PC에 설치하여 사용하는 그래픽 프로그램으로 가볍고 기능이 뛰어나며 무료임
	웹포토샵 픽슬러	PC에 설치하지 않고 웹브라우저로 바로 편집 가능
	포토원더	스마트폰에서 사진을 손쉽게 편집할 수 있는 앱
일정 관리 및 메모	구글 캘린더, 어스트라이드 일정	캘린더에 일정을 등록해놓고 관리할 수 있는 서비스
	에버노트	스마트워크에 최적화된 서비스로 메모, 문서 작업, 스크랩, 일정 관리, 업무현황 체크 등의 다양한 업무가 가능한 앱

브, 네이버 N드라이브에서 문서 파일을 실행하면 바로 편집이 가능하다.

스마트워크를 이야기하면서 스마트폰상에서 문서 작업할 수 있는 앱을 빼놓을 수는 없다. 오피스 앱으로는 폴라리스 오피스가 단연 최고다. 폴라리스 오피스는 PC에서 사용하는 모든 문서를 모바일에서 사용할 수 있게 해주는 모바일 오피스 앱이다. 안드로이드폰에 기본으로 탑재되어 배포되기 때문에 사용자층 또한 매우 두텁다. 워드, 엑셀, 파워포인트, PDF 등의 다양한 문서를 열람할 수 있고 간단한 편집도 가능하다. 특히 높은 호환성으로 PC에서 작업한 문서를 스마트폰상에서 그대로 보여주며 렌더링 품질이 뛰어나다. 문서 로딩 속도 또한 빠르다. 프레젠테이션 기능도 지원하기 때문에 폴라리스 오피스만 있으면 스마트폰으로 프레젠테이션도 가능하다.

전문적인 그래픽 작업이라면 어도비사의 포토샵을 구매해서 이용해야겠지만 간단한 그래픽 작업은 포토스케이프와 같은 무료 그래픽 프로그램이면 충분하다. 설치 없이 웹브라우저에서 바로 편집할 수 있는 웹포토샵 픽슬러와 같은 서비스도 있다. 스마트폰에서 바로 이미지를 편집할 수 있는 앱으로는 포토원더Photo Wonder가 있다. 사진을 깔끔하게 배열해주는 기능이 있어 사진 여러 장을 붙여서 페이스북이나 카카오톡으로 공유하기 좋다. 특히 인물사진 수정과 재미있는 특수효과, 여러 종류의 액세서리와 프레임을 가지고 사진을 꾸밀 수 있다.

무엇보다 내가 가장 잘 활용하고 있는 클라우드 서비스는 드롭박스Dropbox다. 드롭박스를 만나면서 진정한 스마트워크의 세계에 발을 들여놨다고 할까? 드롭박스를 노트북에 설치하면 윈도우즈 탐색기에 드롭박스 폴더가 생긴나. 어기에 파일들을 올러놓으면 클라우드와 동기화가 되고 바로 편집도 가능하다. 중요한 것은 다른 노트북이나 스마트폰과의 동기화 기능이다. 이 기능 덕분에 나는 회사에서 작업한 이후에도 집에 있는 노트북이나 스마트폰으로 작업 파일을 열어볼 수 있고 곧바로 작업할 수 있게 되었다.

지금 이 책의 원고도 드롭박스에서 쓰고 있다. 예전에는 USB에 원고를 저장했는데 USB는 잃어버리거나 고장이 날 우려가 있어서 항상 불안했다. 드롭박스에 올려놓고 쓰다 보면 잃어버리거나 깜박하고 두고 오는 일이 없어서 좋다. 스마트폰과도 동기화가 되니 급하게 업무를 처리할 때는 아주 유용하다. 드롭박스에 있는 파일들은 스마트폰상에서 곧바로 이메일로 첨부해서 보낼 수 있기 때문에, 급하게 자료를 전달해야 할 경우에 노트북을 켜지 않고도 바로 해결할 수 있다. 폴더를 공유할 수 있는 기능도 있어서 많은 사람들과의 협업에도 유용하다.

스마트워크에 있어서는 일정 관리도 중요하다. 구글 캘린더를 이용하면 웹과 스마트폰 앱이 자동으로 연동된다는 장점이 있다. 또한 다른 일정 관리 앱들도 구글 캘린더와 연동해서 사용할 수 있기 때문에 그만큼 폭넓게 활용할 수 있다. 어스트라이드Astride 일정 앱의 경우에는 할 일을 등록해놓으면 알림 서비스를 제공하여 중요한 일정을 놓치지 않도록 도와준다. 스마트폰 앱으로 일정 관리를 하면 일정의 중요도에 따라 알림 설정을 할 수 있기 때문에 일정을 효율적으로 관리할 수 있다.

이 외에도 스마트워크에 최적화된 서비스로는 에버노트가 있다. 처음에는 스마트폰에서만 사용할 수 있는 앱으로 출시되었다가 지금은 PC에서도 사용할 수 있도록 PC버전이 출시된 상태다. 에버노트도 스마트폰과 PC를 넘나들면서 자유롭게 사용할 수 있다. 간단한 메모부터 복잡한 문서 작업, 웹페이지 스크랩, 일정 관리, 업무 현황 체크 등의 다양한 업무가 가능하다. 에버노트만 제대로 활용해도 스마트워크를 손쉽게 해낼 수 있다.

스마트워크는 지출을 최대한 줄이면서 시간적·공간적·경제적 효율성을 추구하는 업무 방식이라 할 수 있다. 어떤가? 사실 어려운 개념도 아니다. 웹서핑 좀 하고, 스마트폰을 사용할 줄 안다면 이 정도는 이미 기본 활용법에 지나지 않는다고 느낄 것이다. 다만 그걸 업무에 좀 더 적극적으로 활용하는 것이 스마트워크라 보면 된다. 이 외에도 스마트워크 관련 소프트웨어와 서비스들이 많이 있으며, 기능 또한 향상되고 있다.

홈페이지는 어떻게 할까?

• • •

창업을 하게 되면 우선 홈페이지가 있어야 한다. 완벽하게 구성된 홈페이지가 아니더라도 게시판이나 커뮤니티 정도의 기능이 있는 사이트를 만들면 간단하게 운영할 수 있는 웹서비스를 시작할 수 있다. 보통의 경우에는 웹에이전시에 홈페이지 구축을 의뢰하지만 이것도 비용이 들기 때문에 당장 결정하기는 쉽지 않다. 매출도 없고 한 푼이 아쉬운 마당에 몇백만 원씩 쏟아부어야 한다면 홈페이지 구축은 자연스레 2순위, 3순위로 밀리게 된다. 블로그로 홈페이지를 대신하기도 하지만 그래도 번듯한 공식 홈페이지를 갖고 싶은 건 인지상정이다. 그렇다면 이렇게 간단한 홈페이지나 웹사이트를 직접 만들어보는 건 어떨까? 조금만 알아보면 의외로 쉽게 만들 수 있다.

　나는 프로그래머가 아니다. 디자이너는 더더욱 아니다. 그래도 홈페이지를 만들고 웹사이트를 만든다. 내가 봐도 좀 신기하다. 앞서 이야기했듯 나는 마이웹스타일이라는 사이트를 직접 만들고 운영하기도 했다. 프로그램이나 디자인에는 문외한인 내가 어떻게 사이트들을 개설할 수 있었을까?

▼ **오픈 소스 게시판 프로그램 장단점 비교분석**

프로그램명	특징
워드프레스	– 전 세계적으로 블로그뿐만 아니라 웹사이트 구축에 가장 많이 사용되고 있는 오픈 소스 프로그램 – 수만 개의 테마와 플러그인이 개발되고 판매되고 있어서 원하는 형태의 홈페이지를 손쉽게 만들 수 있음 – 전 세계 웹사이트 점유율 60퍼센트 이상을 차지할 정도로 인기를 끌고 있음. 그만큼 시장 규모가 방대하기 때문에 테마 및 플러그인 제작에 많은 투자를 하고 있어 좋은 부가 기능들이 많이 나온 상태이며, 비용도 저렴함
익스프레스엔진	– 소스 코드를 전혀 손보지 않고도 커뮤니티 형태의 수준 높은 웹사이트를 구축할 수 있는 홈페이지 빌더 수준의 게시판 프로그램 – 테마와 위젯을 활용하여 다양한 형태로 무한 확장이 가능 – 워드프레스에 비해 국내 시장에 국한되어 있기 때문에 개발된 테마 및 위젯이 부족함
그누보드	– HTML 및 PHP 소스 코드 수정이 가능한 개발자 및 웹 에이전시가 홈페이지 구축에 많이 사용하고 있음 – 국내에서 개발자 커뮤니티가 가장 활성화되어 있으며, 무료 스킨 등이 많이 오픈되어 있음 – 배추빌더와 같은 홈페이지 빌더로 간단하게 웹사이트 구축이 가능

커뮤니티의 힘을 활용하라

전문 프로그래머나 디자이너가 아닌 내가 웹사이트를 만들고 운영할 수 있었던 것은 오픈 소스와 커뮤니티의 힘 덕분이었다. 마이 웹스타일은 오픈 소스 게시판 프로그램으로 인기가 높았던 제로보드로 만든 사이트다. 호스팅 회사에 셰징을 민들고 제로보드 게시판을 설치하면 끝이었다. 물론 일사천리로 되는 건 거의 없었다. 꼭 이런저런 문제가 발생했다. 그럴 때는 제로보드 사이트에 질문을 남겼다. 당시에는 커뮤니티가 활성화되어 있어 고수들이 친절하게 답변을 해줬다. 답변을 제대로 안 해주면 질문 게시판을 검색해보면 되었다. 그럼 이미 나와 비슷한 문제를 경험했던 사람들이 의외로 많다는 사실에 놀라면서 등록된 답변들에서 해결의 실마리를 찾을 수 있었다. 운이 좋으면 문제를 해결한 사람들의 생생한 경험담으로부터 해결 방법을 발견하기도 했다.

그런데 이 정도 수준으로 정말 웹사이트를 구축할 수 있을까? 그렇다. 내가 개설하여 운영하고 있는 여성 포털 '레이디플러스(ladyplus.net)'도 마찬가지다. 웹 에이전시에서 게시판 프로그램으로 가장 많이 활용하는 그누보드로 만들었는데, 웹프로그램에 대한 지식이 거의 없는 상태에서 커뮤니티에 의존하여 사이트를 완성할 수 있었다. 특히 배추빌더라고 하는 홈페이지 빌더를 이용해서 소스 수정도 거의 하지 않고 뚝딱뚝딱 다 만들었다. 물론 디자인 수준은 떨어지지만 그래도 내가 처음부터 끝까지 만든 사이트여서 아직도 애착이 간다.

이러한 웹사이트 제작 도구를 'CMS(Contents Management System, 사이트를 구성하고 있는 다양한 콘텐츠를 효율적으로 관리할 수 있도록 도와주는 시스템)'라고 하며, 오픈 소스로 공개된 프로그램을 이용하면 무료로 구축할 수 있다. CMS를 이용하는 이유는 개발 비용이 많이 드는 게시판, 회원 관리, 사이트 관리와 같은 기능을 별도로 개발할 필요가 없기 때문이다. 미리 제작되어 있는 기본 기능을 이용하고, 사이트 콘셉트에 따라 디자인만 바꾸면 훌륭한 웹사이트를 구축할 수 있다. 고급 디자인이나 기능을 추가하려면 스킨이나 테마, 레이아웃, 위젯 등을 구매해야 한다. 그래도 최고 10만 원 정도면 이용할 수 있어 생각보다 부담이 크지 않으므로 투자할 만하다. 최소한의 예산으로 웹사이트 구축에 필요한 디자인이나 기능을 구매하면 남부럽지 않은 웹사이트를 스스로 구축할 수 있다.

블로그나 간단한 회사 홈페이지용으로 많이 사용되는 오픈 소스 프로그램으로는 워드프레스가 인기다. 엄청나게 많은 테마와 플러그인들이 있어서 확장성은 무한에 가깝다. 특히 글로벌 비즈니스 홈페이지를 구축하는 데 단연 뛰어나다. 마음에 드는 테마를 구입해서 설치하면 구매 페이지에서 봤던 예시 사이트와 똑같은 사이트가 만들어진다. 여기에 로고, 메뉴, 디자인을 바꾸면 금방 나만의 홈페이지가 생긴다.

국내에 국한된 이야기이긴 하지만 최근 웹사이트 구축에서 가장 각광받는 프로그램은 익스프레스엔진이다. 익스프레스엔진은 구 제로보드를 인수해 네이버에서 고도화하여 공개하고 있는 오픈 소스 게시판 프로그램이다. 익스프레스 엔진은 어려운 웹 언어로 코딩된 프로그램 소스를 전혀 건드리지 않고도 사이트를 만들 수 있다는 사실 때문에 각광받고 있다. 익스프레스엔진 자체가 홈페이지 빌더인 셈인데, 나의 블로그와이드도 익스프레스엔진으로 만들었다. 간단하게 익스프레스엔진을 설치하고 적당한 레이아웃을 골라 설치한 다음, 화면 설정만 해주면 된다.

사실 쉽다고는 해도 웹사이트를 처음 구축하는 초보자로서는 혼자 하기에 힘든 부분도 많다. 하지만 해결되지 않는 문제는 없다. 우선 커뮤니티에 의존해 해결하고, 그래도 해결이 안 되면 네이버나 구글에 물어보면 99퍼센트는 스스로 해결할 수 있다. 검색해보면 고수들이 올려놓은 수많은 자료들을 어렵지 않게 찾을 수 있다.

초보자들도 쉽게 따라할 수 있도록 친절하게 설명한 책들이 시중에 많이 나와 있다. 책을 보면 시작부터 끝까지 체계적으로 설명되어 있어 말 그대로 무작정 따라 하기만 하면 된다. 이렇게 하여 큰 문제에 봉착하지 않고도 홈페이지를 만들 수 있을 것이다. 대신 다양하게 응용하기는 힘든 부분이 있을 수 있다는 점은 감안해야 한다.

나는 웹서핑을 즐길 뿐, 사이트를 만드는 데 있어서는 컴맹을 조금 벗어난 수준에 지나지 않는다. 이런 나도 할 수 있다면 누구나 할 수 있지 않겠는가. 나 또한 아는 프로그래머도 없고 궁금한 게 튀어나와도 물어볼 사람 하나 없었다. 그런데 계속해서 찾아보고 고민하고 이것저것 시도해보니 못할 것도 없었다. 사이트를 스스로 만들고자 하는 의지만 있다면 곳곳에서 나타나는 문제들도 우리를 막을 수 없다. 지금 당장 홈페이지가 필요한가? 커뮤니티 사이트가 필요한가? 몇백만 원씩 주면서 만들지 말고 직접 시도해보라. 의외로 재미있고 보람도 있다.

B2B 모델은 필수다

● ● ●

사업을 시작하는 사람들 대다수는 '무조건 나는 잘될 것'이라는 환상에 사로잡혀 일을 추진하게 된다. 물론 부정적인 생각보다는 긍정적인 생각을 하는 편이 훨씬 좋다. 그러나 이러한 긍정의 힘이 모든 시련을 피하게 해줄 수는 없다. 사업을 시작하면 당장 매출이 나지 않는 경우가 많다. 의미 있는 수준의 매출을 달성하는 데도 상당한 시일이 소요되지만 한 달 매출이 지출보다 많은 월간 손익분기점을 넘기기는 더더욱 어렵다. 사실 월간 손익분기점만 달성하고 꾸준히 유지하게 된다면 사업은 어느 정도 안정 궤도에 진입했다 할수 있다.

이윤을 추구하는 일반적인 기업의 비즈니스 유형은 보통 B2BBusiness to Business와 B2CBusiness to Customer로 나뉜다. B2B는 기업과 기업 간의 거래를 통해, B2C는 기업과 소비자 간의 거래를 통해 돈을 버는 형태의 비즈니스를 말한다. 일반적으로 B2B는 기업 고객을 대상으로 프로젝트를 제안하여 수주하거나 제품, 솔루션 등을 공급하는 방식으로 수익을 창출하며, B2C는 소비자 고객을 대상으로 제품을 판매하거나 서비스를 제공하여 수익을 발생시킨다.

▼ B2B 모델과 B2C 모델은 비즈니스 대상, 마케팅 방식, 수익모델의 측면에서 분석해보면 많은 차이가 있다.

구분	B2B 모델	B2C 모델
비즈니스 대상	- 기업과 기업 간의 거래	- 기업과 소비자 간의 거래
마케팅 방식	- 기업 고객 대상 광고 - 전화, 이메일, 방문 등을 통한 영업 - 인맥을 활용한 영업 - 프로젝트 제안 및 수주 - 조달청 등의 입찰 시스템을 통한 수주	- 소비자 고객을 대상으로 제품이나 서비스의 브랜드 구축을 위한 전반적인 마케팅 활동 진행 - 단기적으로 매출을 극대화할 수 있는 프로모션 진행 - 회원 및 방문자 유치를 위한 온라인 광고 · 홍보
수익모델	- 제품 및 서비스 판매 수익 - 프로젝트 수주 수익 - 거래 중계 수익	- 제품 및 서비스 판매 수익 - 광고 수익 - 거래 중계 수익

사업이란 모름지기 B2C여야 제맛이라 생각하는 사람이 많을 것이다. B2B 영업을 하지 않아도 자연스럽게 손님들이 찾아와서 돈을 벌게 해주는 바로 그 꿈의 비즈니스 말이다. 전통적인 B2B 기업들도 신규 사업으로는 항상 B2C 모델을 준비한다. 회원 수가 곧 돈으로 가치를 인정받기 때문이다. 싸이월드 미니홈피가 성공한 것은 회원들이 도토리를 사기 위해 100원, 200원하는 푼돈을 아낌없이 쓴 덕분이었다. 한두 명이 그랬다면 티도 안 나겠지만 2천만 명이 조금

▶ 블로그와이드도 B2C를 겨냥하여 모든 이에게 오픈된 뉴스 플랫폼이다.

씩 구입했기 때문에 엄청난 매출로 이어질 수 있었다. 페이스북이나 카카오톡도 사정은 마찬가지다. 결국 모두가 꿈꾸는 B2C 사업은 좋은 서비스를 만들어서 다수의 회원을 확보하고, 그 회원을 기반으로 수익모델을 만들어가는 것이다.

문제는 B2C 모델로 월간 손익분기점을 달성하기가 무척 어렵다는 점이다. 가장 흔한 수익모델인 광고로 의미 있는 매출을 올리기 위해서는 일일 기본 방문자수가 10만 명은 넘어야 한다. 10만 명이면 랭키닷컴 사이트 순위 기준으로 대한민국 전체 사이트 순위에서 1천 위 정도는 되어야 달성할 수 있는 방문자수다.

내가 2008년부터 운영하고 있는 블로그와이드의 전체 사이트 순위가 8천 위 정도다. 한때는 2천 위까지 치고 올라간 적이 있었다. 그때는 광고 수익만으로도 집에 가져다줄 생활비 정도를 벌었다. 하지만 몇 달간 방문자수가 반짝 몰려들다가 이내 시들해졌다. 그만큼 일정 수준의 방문자수를 꾸준히 유지하기는 매우 힘들다. 웹사이트를 기준으로 이야기했지만 모바일이나 여타의 비즈니스도 마찬가지다. 방문자수를 확보하는 데는 시간이 필요하다. 충분한 사업자금이 마련되어 있어 버틸 여력이 있다면 상관없겠지만 그렇지 못하다면 큰 문제다.

블로그와이드 운영이 알려준 것

블로그와이드와 같은 인터넷 뉴스 사이트도 마찬가지다. 네이버, 다음 등의 검색 포털 사이트와 뉴스 검색 제휴가 되어야 의미 있는 수준의 광고 매출을 기대할 수 있지만 그전에 독창적인 기사를 생산하기 위해서는 2~3명의 기자가 필요하다. 그렇다면 2~3명의 기자를 채용하여 1년 이상을 운영해야 비로소 뉴스 검색 제휴 신청이라도 해볼 수 있다는 이야기인데, 그때까지 회사를 운영할 사업 자금을 마련하지 못한다면 버텨낼 재간이 없다.

모바일 앱으로 창업한 스타트업의 경우에도 사정은 비슷하다. B2C로 앱을 준비하고 오픈했지만 막상 사용자를 모으기도 쉽지 않고 덩달아 돈도 벌리지 않게 되면서 어려움을 겪는 경우가 허다하다. 개발자와 디자이너 월급은 어떻게 감당하겠는가? 결국 상당수가 애플리케이션 개발 에이전시 사업으로 생계를 유지하게 된다.

요컨대 누구나 B2C 모델을 꿈꾸지만 당장의 생계를 책임질 대비책을 항상 준비해야 한다는 현실적인 결론에 다다를 수밖에 없다.

B2B, 즉 기업 대상으로 돈을 벌 수 있는 모델은 반드시 필요하다. 내가 운영하고 있는 와이드커뮤니케이션즈도 마찬가지다. 나 역시 당연히 블로그와이드나 레이디플러스와 같은 웹사이트를 운영하면서 B2C로 돈을 벌기를 원한다. 하지만 당장에 콘텐츠를 만들거나 사이트를 홍보하는 데 투자할 여력이 없기 때문에 사이트를 최소한의 자원으로 운영하면서 B2B로 다른 일거리를 찾아 생계를 유지하고 있다. 이것이 내가 소셜미디어 운영대행, 체험단 모집 및 관리, 컨설팅 등의 비즈니스를 주요 분야로 삼고 있는 이유이다. 그렇다고 해서 B2B 모델이 안 좋다거나 나쁘다는 이야기는 아니니 절대 오해 없기를 바란다. B2B는 성사시키기가 어렵지만 규모가 크고 고정적인 거래처가 생길 경우 안정적인 수익원을 확보할 수 있어 매력적이다. 다만 수익을 올리기 위해 어떤 길을 먼저 가느냐는 선택의 문제일 뿐이다.

사람에게는 언젠가 기회가 오게 되어 있고, 그때까지 버텨내야만 그 기회를 잡을 수 있다. 잠시 힘들다고 해서 사업을 접으면 기회는 영영 오지 않는다. 꿈을 이루기 위해서는 잠시 내려놓을 줄도 알아야 한다. 예컨대 우선은 B2B 사업으로 생계를 해결하면서 꿈을 이루기 위해 조금씩 전진해나가는 것도 괜찮은 대안일 수 있다.

플랫폼 비즈니스의 힘

● ● ●

나는 모든 사람에게 열려 있는 뉴스 플랫폼이자 인터넷 언론 사이트 블로그와이드를 운영하고 소셜마케팅 대행을 비롯해 체험단 마케팅, 심지어 홈페이지 구축과 같은 에이전시 사업까지 하면서 수익을 만들고 있다. 아직까지 블로그와이드 자체만으로는 큰 수익이 나지 않고 있지만 미래의 비전을 보고 꾸준히 운영하는 중이다. 블로그와이드가 한국의 '허핑턴포스트'가 되길 꿈꾼다고 공공연히 말하고 다닐 정도다. 내가 쓴 《플랫폼이란 무엇인가?: 구글처럼 개방하고 페이스북처럼 공유하라》(2012, 한빛비즈)에서도 블로그와이드를 뉴스 플랫폼으로 소개할 만큼 애착을 갖고 있다.

앞서도 강조했듯이 안정적인 자금을 확보한 상태라면 모르겠지만 사업 초기에 에이전시 사업과 같은 B2B 모델은 반드시 필요하다. 당장에 돈줄이 마를 때 갈증을 해소해줄 수 있는 B2B 모델은 에이전시 사업뿐만 아니라 제조, 유통 등 전반적인 산업에 걸쳐 존재

한다. 다양한 형태의 B2B 사업이 존재하지만 당장에 현금을 마련할 수 있는 사업으로는 에이전시 사업만 한 것도 없어 보인다. 물론 자신의 전문 분야에 따라 사업 아이템은 무궁무진할 것이다.

그런데 당장에 먹고살 수익은 에이전시 사업을 통해 마련하더라도 장기적인 비전을 갖고 플랫폼 비즈니스를 준비하는 것도 중요하다. 플랫폼 비즈니스에서의 '플랫폼'이란 서비스 제공자와 소비자가 만나는 승강장 역할을 하는 온라인상의 공간을 가리킨다. 예를 들어 네이버나 다음 같은 포털사이트, 페이스북이나 트위터 같은 소셜미디어, 혹은 디시인사이드나 오늘의 유머와 같은 것들도 일종의 플랫폼 서비스라 생각하면 쉽다. 요즘에는 스마트폰이 대중화되면서 모바일 앱 서비스도 좋은 플랫폼 비즈니스가 될 수 있다. 플랫폼 비즈니스라 하여 거창하게 느낄 필요는 전혀 없다. 자신만의 서비스나 모바일 앱을 만들고 키워나갈 수 있다는 사실 자체가 중요할 뿐이다. 플랫폼은 단기간 내에 큰 수익을 기대할 수 없을지라도 미래의 비전을 보고 전략적으로 키워가야 한다.

미래를 위한 플랫폼 투자

기업을 대상으로 영업을 하려고 해도 어딘가 비빌 언덕이 있어야 한다. 이럴 때 자신만의 플랫폼이 있다면 큰 플러스 요인이 된다. 온라인 마케팅을 대행할 때 나에게 블로그와이드라고 하는 인터넷 언론 사이트가 있었고, '깜냥이의 웹2.0 이야기!'와 같은 블로그가 있었다는 점은 큰 힘이 되었다. 이에 더해 가타부타(gatabuta.com), 레이디플러스와 같은 커뮤니티 사이트, 구독자 2만 명이 넘는 네이버 오픈캐스트를 운영하고 있었기 때문에 내가 기존에 구축하고 있는 플랫폼을 이용하여 소셜마케팅을 진행하면 부가적인 홍보 효과까지 누릴 수 있었다. 이런 방식으로 사업 인프라를 지속적으로 늘리고 키워야 할 필요가 있다.

플랫폼이 없다면 특별한 경쟁력이 없기 때문에 끊임없이 치열한 경쟁을 뚫고 살아남아야 한다. 예를 들어 홈페이지만 그럴듯하게 구축해놓고 네이버에 키워드 광고만 해도 단기적인 돈벌이는 할 수 있다. 하지만 경쟁이 치열해지면 단가가 떨어지기 때문에 수익성은 더욱 낮아지고 회사 운영은 더욱 어려워질 수밖에 없다. 단가가 떨어지면 투입되는 자원을 줄여야 하기 때문에 질도 떨어지고 경쟁력도 서서히 사라진다. 이것이 자신만의 플랫폼을 갖고 있어야 하는 중요한 이유이다.

일단 플랫폼이 활성화되면 자연스럽게 굴러가게 되어 있다. 마치 눈덩이를 굴리는 효과와 같다. 운영 관리에만 신경 써도 점점 더 성장한다. 특별히 마케팅이나 홍보를 하지 않아도 된다. 입소문을 타고 사용자는 점점 늘어가고 광고주도 알아서 찾아온다. 쿠팡이나 티몬 같은 공동구매형 소셜커머스 업체도 처음에는 주로 영업사원의 힘으로 영업했던 반면, 지금은 이들과 거래하려는 제조사, 유통사들이 줄을 서서 기다리고 있다. 이제는 반대로 소셜커머스 업체들이 제품을 심사해서 선별적으로 받는 것이다. 게다가 소셜커머스 판매를 진행하면 제조사, 유통사들이 알아서 홍보까지 한다. 판매가 성공적으로 마무리될 수 있도록 블로그, 페이스북, 트위터를 통해 자체적으로 입소문도 내고 다닌다. 네이버 키워드 광고나 페이스북 광고까지도 스스로 알아서 한다. 이 모두가 바로 플랫폼의 힘에서 비롯된 것이다.

물론 플랫폼 비즈니스는 고난의 길이다. 모두가 페이스북과 같은 플랫폼을 갖고 있다면 그것을 경쟁력이 있다 말할 수 있겠는가? 관리는 힘들지만 괜찮은 플랫폼 하나 갖고 있다면 뭘 해도 큰 힘이 된다. 당장에 수익은 안 나겠지만 그래도 미래를 위해 투자할 만한 플랫폼 하나쯤은 키워야 하는 이유가 여기에 있다.

정부 지원 프로그램을 활용하는 법

● ● ●

2011년 4월에 와이드커뮤니케이션즈를 창업한 이후 나는 1년간 별다른 어려움 없이 회사를 운영했다. 강의나 칼럼 의뢰가 꾸준히 들어왔기 때문이다. 게다가 마음 맞는 사람과 사무실도 함께 쓰고 있었기 때문에 사무실 문제도 해결된 상태였다. 그런 까닭에 정부 지원 프로그램에는 관심이 생기지 않았다. 생계를 유지할 정도로 돈을 벌고 있었고, 정부에 제출해야 하는 지출 내역이나 보고서 등의 각종 서류 작업도 내 성향에는 맞지 않았다. 지금 돌이켜보면 정말 어리석은 생각이었다. 내가 창업할 당시만 해도 1인 창조 기업에 대한 지원 정책이 무척 많았다. 조금만 주의를 기울여 찾아봤다면 분명 많은 도움을 받을 수 있었을 텐데 아쉬운 마음이 크다.

　나는 이미 창업해서 자리를 잡은 사람들의 이야기를 듣고 난 후 정부의 도움을 받으면서 사업을 할 수 있다는 것이 엄청난 이점을 갖고 있다는 사실을 알게 되었다. 사무실 공간은 물론이고 매월 정부 창업 지원금까지 받을 수 있다고 하니 잘만 활용하면 창업 초기에 엄청난 도움을 받을 수 있다. 조금 귀찮더라도 정부에서 도와주겠다는데 마다할 이유가 없지 않은가?

아는 만큼 선택의 폭도 넓어진다

조금만 알아보면 사업 자금 지원 프로그램도 매우 다양하다. 저금리로 기술보증기금이나 신용보증기금 사업자 대출을 받을 수 있다. 특히 이러한 사업 자금 대출은 거치기간이 1년에서 3년까지 다양하기 때문에 창업 초기 자금난을 해소하는 데 많은 도움을 받을 수 있다. 신용도가 낮다면 햇살론도 추천할 만하다. 금리가 다소 높기는 하나 어느 정도의 갈증은 해소할 수 있을 것이다.

이러한 정부 창업 지원 프로그램을 이용하면 비슷한 시기에 창업한 사람들과의 커뮤니티 형성이나 정보 교류로 자연스럽게 이어지게 되는 장점도 있다. 이런 교류는 반드시 필요하다. 사실 나는 교류를 많이 하지 못했다. 이미 어느 정도 기반을 다져놓고 있다는 착각과 자만심이 가장 큰 문제였다. 2년이 지난 지금에 와서는 업계 동지가 적다는 것이 가장 큰 약점으로 작용하고 있다는 생각이 든다. 정부 지원 프로그램을 이용하지 않더라도 비슷한 시기에 창업한 사람들과 친분을 쌓는 것은 매우 중요하다. 서로에게 의지가 되기도 하고 지치면 다독여주기도 하는 둘도 없는 동지를 얻을 기회가 생길 수도 있으니 말이다. 동종업계는 아닐지라도 보이지 않는 선의의 경쟁을 하기도 하고 서로에게 자극이 될 수도 있다.

물론 정부 지원 프로그램이 좋은 면만 있는 것은 아니다. 지원 프로그램의 특성에 따라 사업의 방향 자체가 달라지기도 하므로 주의해야 한다. 지원받을 수 있다고 하여 무턱대고 받지 말고 자신의 사업 분야와 관련이 있는지 잘 따져보고 결정해야 한다. 또한 지원을 받을 때는 좋지만 뒤처리는 항상 고달프다는 점도 유념해야 할 것이다. 보고서, 증빙 서류 정리에 많은 시간을 할당해야 하기 때문이다.

방심은 금물이다. 비즈니스로 성공하기 위해서는 매일 치열한 전투에 임한다는 느낌으로 세상과 싸워나가야 한다. 일단 지원을 받게 되면 일시적으로 절박함이 사라지는 바람에 오히려 평소보다 느슨하게 경영을 하게 되는 경우가 생길 수도 있다. 서울 청년창업 1000프로젝트 같은 경우에도 지원을 받는 동안에는 사무실도 무료로 쓸 수 있고 매달 지원금도 나오기 때문에 좋지만, 1년이 지나고 졸업할 시점이 되어서도 자리를 잡지 못하고 방황하는 창업자들도 꽤 많다고 한다.

지원을 받기보다 끝까지 혼자 힘으로 밀고 나가는 것도 무조건 어리석은 것은 아니다. 긴장의 끈을 놓지 않고 끊임없이 살길을 찾다 보면 더 좋은 기회를 만날 수도 있다. 선택은 각자의 몫이다. 정부 지원 프로그램은 잘 활용하면 약이지만 잘못 활용하면 독이 된다는 것을 명심하길 바란다.

- 비즈니스에 활용할 퍼스널 브랜드는 창업하기 전, 학교나 직장에 다닐 때부터 구축해야 한다.

- 창업하기 전에 투잡의 형태로 다양한 일들을 해보면서 경험을 쌓아보는 것이 중요하다.

- 기다리던 기회가 오면 가슴이 뛰기 시작한다. 그 순간을 놓치지 말고 과감히 실행하라.

- 언제 어디에서나 인터넷에 접속할 수 있는 유비쿼터스 환경이 갖춰지면서 사무실이 없어도 얼마든지 일을 할 수 있는 스마트워크가 가능해졌다. 이제는 열정만 있다면 시간과 공간은 문제가 되지 않는다.

- 스마트워크는 지출을 최대한 줄이면서 시간적 · 공간적 · 경제적 효율성을 추구하는 업무 방식이다.

- 익스프레스엔진, 그누보드 등의 오픈 소스 프로그램을 이용하면 홈페이지나 커뮤니티 등의 간단한 웹사이트는 직접 만들 수 있다. 생각보다 쉽고 간단하다.

- B2C 모델을 꿈꾸더라도 당장의 생계를 위해서는 현실적 조건에 맞는 B2B 모델을 개발해야 한다.

- 당장에 수익이 나지 않더라도 미래를 위해 투자할 만한 플랫폼을 구축하라. 잘 활성화된 플랫폼은 특히 마케팅에서 큰 장점으로 작용할 수 있다.

- 정부 지원 프로그램을 적극 활용하면 창업 초기에 많은 도움을 받을 수 있다. 하지만 좋은 점만 있는 것은 아니니 잘 따져보고 선택해야 한다.

소셜마케팅은 돈이 들지 않으면서 효과까지 좋은 만능 마케팅일까? 소셜마케팅이 새로운 이슈로 떠오르던 시점만 해도 그렇게 생각하는 사람들이 많았다. 하지만 지금은 소셜마케팅에 대한 환상이 많이 사라졌다. 대기업이야 많은 예산을 책정해서 대대적으로 소셜미디어를 활용한 마케팅을 하고 있지만, 중소기업이나 1인 기업은 매번 돈을 들일 수도 없고 제대로 된 방법도 알지 못해 먼 산만 바라보고 있다. 그럼에도 중소기업이나 1인 기업에게 소셜마케팅은 여전히 유효하다. 당장에 큰 효과를 볼 수는 없어도 시간과 관심을 갖고 매진하면 일정 수준의 효과를 볼 수 있다. 어떻게 해야 할까?

제3부

소셜마케팅

소셜마케팅은 어떻게 진화하고 있는가?

큰돈 들이지 않고
성과를 얻어야 한다

● ● ●

창업을 결심하고, 그것을 실행에 옮긴 것만으로도 당신은 충분히 용감한 사람이다. 아이템도 분명 훌륭할 것이다. 이제 마케팅을 펼쳐서 당신의 아이템을 사람들에게 알리고 돈을 버는 일만 남았다.

그런데 마케팅이라는 것이 말처럼 쉽거나 만만치는 않다. 그렇게 쉬운 것이었다면 마케팅 컨설턴트나 대행사들이 난립하지도 않았을 것이다. 실제로 전통적인 매스미디어부터 온라인, 모바일 등등 광고 매체도 다양해지면서 신경 써야 할 것이 한두 가지가 아니다. 제품이나 서비스의 특성에 따라 효과가 좋은 마케팅 방식은 천차만별이다. 예를 들어 비뇨기과 병원이 가장 확실한 마케팅 효과를 보고자 한다면 크고 화려한 간판을 세우면 된다. 페이스북에서 백날 홍보해 봤자 아마도 좋은 성과를 얻지 못할 것이다.

마케팅의 방식은 무궁무진하다. 정보통신 기술이 발달하면서 광고 매체도 엄청나게 많아지고 있다. 온라인은 이미 광고로 도배되다

시피 하고 있으며, 모바일도 광고들로 점령당한 상황이다. 결국 사람이 많이 모이는 곳은 항상 마케터들의 표적이 된다. 소셜마케팅이 뜬 것도 사람들이 페이스북, 트위터에 몰려들었기 때문이다.

마케팅을 제대로 하려면 돈이 든다. 누구나 적은 비용으로 큰 효과를 보고 싶어 하지만 중요한 건 돈을 쓰는 만큼 효과도 얻을 수 있다는 사실이나. 마케팅 대행사도 바보가 아닌 이상 받는 돈만큼 신경 쓰고 마케팅을 해준다. 월 300만 원을 내는 곳과 100만 원을 내는 곳이 있다면 당연히 300만 원 내는 고객에게 집중하지 않겠는가? 무엇보다 제대로 하려면 전문가에게 맡기는 게 낫다. 대행료가 아까워 어설프게 혼자 진행하다가는 낭패 보기 십상이다.

무엇을 선택할까?

문제는 우리가 가진 돈이 많지 않다는 사실이다. 서글프지만 현실이니 받아들여야 한다. TV에 광고를 내보는 것이 가장 빠르고 효과도 좋겠지만 이건 돈 많은 대기업이나 할 수 있는 마케팅 방식이다. 중소기업의 입장에서는 없는 살림에 어떻게 하면 효과를 극대화할수 있을지를 고민해야 한다. 돈 들이지 않고 나의 시간과 노력을 투자해 직접 마케팅해야 하는 상황이다. 이는 마케팅을 조금이라도 해본 사람이라면 금방 감을 잡겠지만 초보에게는 참 힘든 일이다. 학교 졸업하고 글 한번 제대로 써본 적 없는 사람에게 책 한 권을 쓰라고 하면 잘 써지겠는가?

무엇보다 중요한 것은 잘 따져봐야 한다는 것이다. 사실 대표 자신의 시간과 노력을 어디에 투자하느냐가 사업의 성패를 가를 수 있다. 대표의 시간은 가장 비싼 자원이다. 이 비싼 자원을 마케팅에 투자할 것인지, 관리에 투자할 것인지, 아니면 영업에 투자할 것인지는 매우 중요한 문제다. 대표가 영업을 뛰어야 하는데 영업은 안 뛰고 컴퓨터 앞에 앉아 블로그나 페이스북만 들여다보고 있으면 될 일이 하나도 없다.

특히 온라인 홍보는 많은 시간과 노력이 필요해 흔히 '노가다'라는 표현을 쓰기도 한다. 들이는 시간에 비해 효과가 일정하지도 않다. 열 시간 홍보해서 100만 원을 벌 수도 있지만 매출이 전혀 없을 수도 있다. 대표가 이렇게 불확실한 온라인 홍보에 매달리다 보면 정작 해야 할 일을 못 할 수 있기 때문에 업무 범위를 미리 정해두는 것이 좋다. 내가 마케팅이나 홍보에 집중할 것인지, 아니면 마케팅을 다른 사람에게 맡기고 다른 일에 집중하는 게 생산적인지를 잘 따져보고 사업을 해야 하는 것이다.

혼자서 모든 것을 잘할 수는 없다. 광고비 100만 원 투자해서 150만 원 벌 수 있다면 광고를 해야 한다. 마케팅은 외부 전문가에게 맡기고 대표는 B2B 영업을 하거나 상품 소싱과 유통에 더 집중해야 할 필요도 있다. 가만히 생각해보자. 무엇을 해야 한정된 자원으로 가장 큰 이익을 낼 수 있을지를 말이다.

소셜마케팅의 핵심은 진정성이다

● ● ●

제품이든 서비스든 간에 마케팅은 필요하다. 엄밀히 따지면 홍보가 필요하다. 만들어놓고 가만히 있으면 누가 알고 사겠는가? 1차적으로 제품이나 서비스의 존재 사실을 알린 다음에야 소통을 하고 구매를 유도할 수 있지 않겠는가?

마케팅에는 크게 두 가지 방법이 있다. 고객이 자발적으로 찾아오게 하는 것, 그리고 찾아오도록 유도하는 것이다. 자발적으로 찾아오게 하려면 우선적으로 브랜드 인지도를 높여야 하고, 찾아오도록 유도하려면 이벤트나 프로모션 등의 행사를 통해 고객을 유인해야한다. 그러나 브랜드라고 하면 먼저 대기업 제품들이 생각나는 걸보면 브랜드란 분명 만만한 녀석은 아니다.

기성 브랜드가 아닌 신규 브랜드라고 해도 상황은 비슷하다. 찾아오도록 유도하려면 한 번에 브랜드 인지도를 높여야 하기 때문에 많은 예산이 필요하다. 자금력이 있는 기업이라면 문제가 안 되지만 중소기업에게는 큰 문제가 아닐 수 없다. 대부분의 마케터라면 고객이 찾아오게 만들고 싶겠지만 현실적인 장벽은 그리 호락호락하지가 않다. 고객이 찾아오게 만들 성도가 된다면 이미 성공가도를 달리고 있다고 보면 된다.

소셜마케팅도 최종적으로는 브랜드 인지도를 높이는 것이 목표이다. 그러나 소셜미디어만으로 일거에 브랜드 인지도를 끌어올리기는 힘들다. 지금 페이스북에서 인기 있는 페이지들을 보면 페이지가 오픈되기 전부터 이미 높은 브랜드 인지도를 갖고 있는 경우가 대부분이다. 많은 사람들이 브랜드를 인지하고 있기 때문에 그 후광 효과로 페이지의 팬도 빠르게 증가할 수 있는 것이다. 이러한 기업들을 보면 미약한 내 존재가 한없이 초라해 보이기도 하지만 나보다 먼저 태어나 앞서가고 있는 사람들이라 생각하고 일단 신경 쓰지 말자. 지금은 우리의 경쟁 상대가 아니다.

소셜미디어를 활용해 마케팅 활동을 해내는 우리의 미션은 지속적으로 꾸준히 내 제품, 내 서비스를 알려 고객이 찾아오게 만들고, 더디지만 조금씩 브랜드 인지도를 쌓아나가는 데 있다. 우선 사람들이 찾아오게 만들 수 있는 다양한 방법들을 고민해야 한다. 이것이 바로 소셜마케팅의 시작이다.

주목할 만한 소셜마케팅의 지구력

소셜마케팅은 느리지만 꾸준하다. 지금 당장은 효과가 없는 듯 보여도 콘텐츠가 쌓이고 명성이 쌓이면 꾸준히 성과를 얻을 수 있다. 내가 마케팅 활동을 잠시 쉬더라도 꾸준히 고객들이 방문하고 제품을 구매하고 있다면 얼마나 좋겠는가? 하지만 브랜드 인지도가 낮을 경우에는 마케팅 활동을 하지 않으면 곧바로 방문자도 줄고 매출도 뚝 떨어진다. 쇼핑몰이나 병원들이 광고를 끊을 수가 없는 이유다. 울며 겨자 먹기로 손해를 보면서도 광고를 해야만 하는 악순환에 빠지게 되는 것이다. 바로 앞의 이익만 생각했지 멀리 보고 준비하지 않았다는 것이 이들의 문제다. 브랜딩은 그래서 중요한 것이다.

그렇다면 소셜미디어에서 내 제품, 내 서비스를 어떻게 좀 더 구체적으로 알려야 할까? 페이스북의 기본은 사람과 사람 사이의 관계라는 점만 이해하면 쉬워진다. 아마도 이 정도는 다 알고 있을 것이다. 자, 그럼 이것을 어떻게 활용할 것인가? 모두에게 통용되지는 않겠지만 아래와 같은 몇 가지 규칙만 알고 있으면 큰 무리는 없을 것이다.

마케팅에 앞서 자신만의 차별화된 콘셉트를 만들어라

모든 마케팅의 시작은 '나'로부터 비롯된다. '마케팅 4P 전략'을 보면 먼저 제품product을 만든 후에 가격price을 정하고, 유통place을 촉진하기 위해 프로모션promotion을 하게 된다. 만약 제품이 다른 제품과 차별화되지 않는다면 마케팅 전략이 아무리 훌륭해도 큰 효과를 기대하기 힘들다. 소셜마케팅도 마찬가지다. 우선은 자신을 돌아봐야 한다. 다른 곳과 차별성이 없으면 홍보를 해도 내세울 포인트를 제대로 찾지 못해 좋은 성과를 얻을 수 없다.

온라인상에는 수많은 쇼핑몰이 있다. 그 수많은 쇼핑몰에서 내가 빛나려면 나만의 색깔이 있어야 하는 것이 당연하다. 그런데 대부분의 쇼핑몰들은 자신만의 색깔을 살리지 못하고 서로 비슷한 콘셉트로 일관하고 있다. 그러니 키워드 광고에 의존할 수밖에 없다. 마케팅이나 홍보로 문제가 해결될 수도 있지만 의외로 자기 자신에게서 근본적인 문제가 해결될 수 있음을 인식해야 한다.

이에 더해 소셜미디어상에서 나 자신을 차별화하는 것도 중요한 포인트가 된다. 콘셉트를 정해놓고 관련 콘텐츠들로 채워나가다 보면 다른 사람들과 차별화되는 이미지를 형성할 수 있다. 하나의 콘

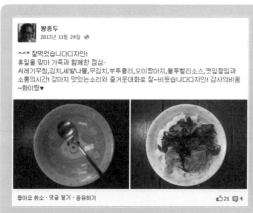

▶ 왕종두 교수가 페이스북에 올린 '잘먹었습니다 디자인! 잘비웠습니다 디자인!' 음식 쓰레기를 줄이고 감사의 비움을 실천하자는 메시지를 담았다. 이 또한 일상에서 발견할 수 있는 차별화된 콘텐츠의 한 예라고 할 수 있다.

셉트를 잡고 꾸준히 활동함으로써 차별성을 얻게 되면 결국에는 마케팅에도 도움이 될 것이다.

1차적으로 소식을 알려 방문자를 유입시키고, 2차적으로는 브랜드 인지도 향상을 목표로 해야 한다

소셜미디어에서 지속적으로 제품이나 서비스에 대해 이야기함으로써 브랜드 인지도를 높일 수 있지만, 브랜딩이 되어 있지 않은 경우에는 좀 더 자세히 설명된 페이지로 이동시키려는 노력이 필요하다. 머릿속에 각인되지 않은 상태에서 떠들기만 해서는 사람들을 전혀 이해시킬 수 없기 때문이다. 자세히 설명된 페이지로 유입시켜서 제대로 알리려면 외부 페이지로 넘어오게 해야 한다. 광고를 클릭했을 때 이동하여 도달하는 페이지를 '랜딩페이지landing page'라고 말하는데, 소셜마케팅에서도 랜딩페이지는 매우 중요하다. 왜냐하면 사람들이 클릭하고 도달하는 페이지에 어떤 정보가 담겨 있느냐에 따라 마케팅 효과가 달라지기 때문이다.

이러한 랜딩페이지는 광고 내용만으로 채워진 마이크로 사이트가 될 수도 있고, 블로그, 게시판 혹은 쇼핑몰이 될 수도 있다. 페이스북을 통해 내 제품이나 서비스를 소개하면서 링크를 함께 넣는다면 많은 친구들이 당신의 사이트에 방문하게 된다. 그들은 이미 당신과 페이스북 친구들이고 당신에게 우호적인 사람들이기 때문에 당신의 제품이나 서비스에도 호의적일 확률이 높다. 이런 측면은 소셜미디어를 마케팅에 이용하는 중요한 이유이기도 하다.

자랑하는 것도 기술이 필요하다

처음에는 낯 뜨겁기도 하고, '사람이 겸손해야 하는데 자꾸 자랑만 해대서 친구들이 싫어하면 어찌지' 하는 걱정이 앞설지도 모른다. 그런데 페이스북이라는 공간에서 자랑 빼면 또 무엇이 남는단 말인가? 지금이라도 페이스북에 들어가보라. 온통 자랑하는 사람들로 넘쳐난다. 사소한 것이라도 좋다. 친구들에게 알릴 만한 소식이 있다면 알려라. 하루 종일 자랑만 하고 있으면 안 되겠지만 하루에 한두 개 정도는 괜찮다. 어쩌면 생각지 못했던 제안을 받을 수도 있다.

모름지기 사람들은 북적대는 식당 앞에 줄을 서지 파리만 날리고 있는 식당에는 가지 않는다. 속으로는 힘들더라도 내색하지 말고 잘 해나갈 수 있다는 것을 어필하면 정말로 일이 잘 풀리는 데 도움이 될 수 있다.

자랑으로 위장한 홍보에는 기술이 필요하다. 무턱대고 제품이나 서비스 홍보를 해봐야 돌아오는 건 냉담한 반응뿐이다. 일상적인 이야기나 회사 이야기를 하면서 자연스럽게 제품이나 서비스에 대해 이야기를 하는 것이 좋다. 특히 회사 이야기를 하다 보면 직장인이나 사업하는 사람들에게 많은 공감을 얻을 수 있다. 가령 하루에 미팅이 평균 일곱 건이라 사무실에 들어가지도 못하고 외근으로 하루를 보낸다는 어느 벤처 CEO의 넋두리는 많은 사람들의 공감을 얻기에 충분하다. 이때 어떤 업무로 미팅이 있는지도 소개하면 간접적으로는 자사의 서비스까지도 알릴 수 있다.

소셜로 콘텐츠를 유통하라

블로그나 인터넷 언론사와 같이 콘텐츠를 만드는 일을 하고 있다면 페이스북이나 트위터는 굉장히 훌륭한 콘텐츠 유통 플랫폼이다. 블로그에 올린 새로운 글을 페이스북에 공유해보라. 생각보다 많은 친구들이 반응할 것이다. 좋은 콘텐츠는 자연스럽게 퍼져나간다.

최근에는 네이버와 같은 포털과의 검색 제휴 없이 소셜미디어를 통한 콘텐츠 유통만으로 상당한 방문자수를 기록하는 소규모 언론사들이 대거 등장하고 있다. 이들이 내놓는 수준 높은 기사들은 페이스북 '좋아요' 1천 개 정도는 가뿐히 넘길 정도다. 이들은 주로 직접적인 단신 기사가 아닌 심층적인 칼럼 위주로 운영되는데, 어떻게 보면 언론사라기보다는 팀블로그에 가깝다. 이렇게 소셜미디어로 콘텐츠가 유통되다 보면 초기에는 방문자수도 당연히 늘어날 것이고, 나중에는 언론사 브랜드 인지도까지 덩달아 올라가면서 사람들이 알아서 찾아오는 미디어로 성장할 수 있다.

다양한 소셜미디어 채널을 유기적으로 활용하라

지금은 수많은 서비스들이 넘쳐나고 있다. 소셜미디어 서비스도 마찬가지다. 그렇다면 어떤 서비스를 이용해야 가장 큰 효과를 얻을 수 있을지를 항상 생각해야 한다. 하나에만 관심을 갖고 안주하면 안 된다. 세상은 급변한다. 무엇이 뜬다고 하면 득달같이 달려들어 남보다 먼저 써보고 가능성을 타진할 필요도 있다. 페이스북 페이지를 운영하고 있다고 해서 페이지만 할 것이 아니라, 때에 따라서는 페이스북 그룹을 돌아다니면서 소위 '노가다 홍보'라고 하는 것도 해야 한다. 또한 블로그를 운영한다고 해서 그것만 할 것이 아니라 커뮤니티 사이트도 놀아다니면서 게시판 홍보도 할 필요가 있다. 카카오 스토리나 네이버 밴드와 같은 모바일 SNS에도 관심을 가져야 한다.

여전히 많은 사람들이 이용하는 인터넷 커뮤니티 카페도 간과해서는 안 될 마케팅 채널이다. 동일한 관심 분야를 매개로 모인 사람들인 만큼 이슈만 제대로 던져주면 호응과 집단행동을 끌어낼 수 있다. 특히 네이버, 다음 등 포털 검색 결과에 카페 콘텐츠가 잘 노출되고 있기 때문에 검색엔진 마케팅에도 유리하다.

중소 규모 커뮤니티의 게시판을 활용하는 웹문서 마케팅도 중요하다. 검색 포털은 자사 서비스인 블로그나 카페, 지식 검색 콘텐츠가 검색결과에 가장 잘 노출되기는 하지만 외부 콘텐츠인 웹문서도 비교적 잘 노출된다. 구글의 경우 아예 웹문서 검색만으로 이루어진 검색 서비스로 시작했다. 검색엔진 자체가 인터넷상에 흩어져 있는 방대한 분량의 웹페이지를 색인하고 원하는 정보를 쉽게 찾을 수 있도록 도와주는 서비스이니, 과연 진정한 검색은 웹문서 검색이라 할 수 있다. 게다가 웹문서는 블로그, 카페 등에 비해 상대적으로 경쟁이 치열하지 않은 영역이라 조금만 신경 쓰면 큰 효과를 얻을 수 있다.

대한민국의 스마트폰 보급률이 70퍼센트를 넘으면서 카카오스토리와 같은 모바일 기반 SNS도 큰 인기를 얻고 있다. 스마트폰은 항상 손에 들고 다니기 때문에 접근성이 좋고 편리하다. 최근 카카오

스토리와 관련해 세미나나 컨퍼런스가 심심치 않게 개최되고 있다. 일단 기업들이 관심을 갖기 시작했다면 앞으로 대세로 떠오를 가능성도 높다.

제품을 마케팅하고자 한다면 그루폰, 쿠팡, 티몬, 위메프와 같은 소셜커머스social commerce 채널도 활용해볼 필요가 있다. 최근의 소셜커머스는 소셜미디어다운 요소들을 버리고 공동구매 사이트로 전락한 감도 있지만, 홈쇼핑을 제외하고는 소셜커머스만큼 단기간에 높은 매출을 기록할 만한 채널도 없다. 요즘은 신제품이 나오면 으레 소셜커머스에서 판매를 먼저 진행하고 본 마케팅을 시작할 정도다. 소셜커머스에서 거래를 하는 것만으로도 이슈가 되고 홍보 효과가 생길 수 있다. 또한 소셜커머스에서 진행하는 거래는 블로그, 페이스북 등의 다른 소셜미디어에서도 홍보할 수 있기 때문에 소셜미디어에 업데이트할 콘텐츠를 손쉽게 확보하는 효과도 얻을 수 있다.

모든 것을 하나의 그릇에 담아두지 말고 여러 개의 그릇에 적절히 나눠두어야 한다. 효과가 조금 느리게 나타날지 몰라도 언젠가는 좋은 결과로 돌아오게 되어 있다. 이게 바로 웹2.0에서 이야기하는 '롱테일 효과longtail effect(80퍼센트의 비핵심 다수가 20퍼센트의 핵심 소수보다 더 뛰어난 가치를 창출한다는 이론)'이기도 하다.

소셜미디어에만 의존하지 말라. 적은 비용이라도 광고는 하는 것이 좋다

자랑은 아니지만 내 서비스를 홍보하기 위해 돈을 내고 광고를 진행한 적은 한 번도 없다. 마케팅을 전공한 사람이라면 바보라고 할지도 모른다. 돈을 조금만 쓰면 지금보다 훨씬 더 빨리 더 크게 성장했을지도 모르고, 더 낮은 돈을 빌고 있을지도 모르는데……. 지금 생각해보면 왜 바보같이 광고에 투자하는 걸 아까워했는지 모르겠다. 고객을 만나 컨설팅을 할 때는 소셜미디어 활동과 함께 유료 광고도 병행해야 한다고 하면서 말이다.

일정 수준의 유료 광고는 확실히 필요하다. 소셜미디어를 통한 효과가 일률적이지 않기 때문에 그로 인해 모자라는 부분은 유료 광고가 메워줄 수 있다. 블로거 체험단을 진행했던 한 업체의 사례를 보면 이해하기 쉬울 것이다. 이 업체에 따르면 체험 후기가 있는 블로그를 통해 유입된 방문자가 많더라도 실제로 제품을 구매하는 비율은 그다지 높지 않지만, 키워드 광고를 통해 방문한 고객은 구매전환율이 매우 높다고 한다. 소셜미디어가 브랜드 구축에는 좋을지 몰라도 매출까지 책임져주지는 않는다. 페이스북 페이지를 개설하고 팬을 확보하기 위해 별의별 방법을 다 써봐도 모이지 않던 팬이 단돈 30만 원에 1천 명이 모이는 것을 보면 역시 광고의 힘을 무시할 수 없다는 것을 실감할 수 있다. 그래서 적은 비용이라도 유료 광고 병행은 필요하다.

최근에는 페이스북에 광고하기가 정말 쉬워졌다. 카드번호만 등록해놓으면 언제든지 광고를 올렸다 내렸다 할 수 있다. 페이스북 페이지를 광고할 수도 있고 게시물 하나하나를 광고할 수도 있다. 물론 외부 웹사이트 광고도 가능하다. 페이스북은 회원들의 나이,

사는 곳, 직업, 관심사 등에 대한 개인 정보를 바탕으로 정확한 타깃 설정이 가능하다. 그만큼 광고 효과도 좋다. 후불제이기 때문에 우선 광고하고 나중에 카드로 결제만 하면 된다.

사실 소셜마케팅이라는 주제 하나만으로도 책 여러 권이 나올 수 있다. 이 장에서는 내가 경험한 것을 토대로 기본적인 밑그림을 그릴 수 있겠다 싶은 선까지 소개했다. 모든 마케팅이 그러하듯 소셜마케팅에도 다양한 기법이나 노하우들이 있게 마련이다. 하지만 남이 이야기할 때는 그럴듯해 보여도 자신이 직접 하려고 하면 제대로 되지 않는다. 그게 별다른 노력 없이 된다면 마케팅 대행사들은 먹고 살기 힘든 세상이 될 것이다.

마케팅 성공 사례에만 너무 목매지 마라. 그것을 당신의 아이템에 적용한다고 해서 똑같은 효과가 나올 리 만무하다. 2~3년 전 성공 사례를 그대로 적용할 수도 없고, 대기업 성공 사례는 더더욱 먼 나라 이야기다. 기본에 충실하면 시간이 조금 더 걸리더라도 훨씬 멀리 갈 수 있다. 소셜의 핵심은 '사람'과 '관계' 그리고 '진정성'이다. 당신이 당신의 친구들에게 진정성을 갖고 다가간다면 그들 또한 당신의 제품이나 서비스에 진정성을 갖고 다가올 것이다. 그래서 소셜미디어를 사람 냄새가 나는 미디어라 하는 것이 아닐까?

누구나 직접
마케팅하는 시대가 왔다

●●●

내 책을 홍보했던 경험은 강의에서도 여러 번 소개한 바 있다. 소셜 마케팅하면 뭔가 어렵고 거창하게 들리겠지만, 내가 직접 홍보했던 이야기를 들으면 다들 '별거 아니네' 하는 반응을 보인다. 사실 별거 아닌 것이 맞다. 앞에서도 언급했듯이 가능한 채널을 활용해 계속해서 그 이야기를 하면 된다.

간혹 마케팅을 제대로 해본 적이 없는 사람들이 마케팅 전문가라 자칭하는 경우를 본다. 진짜 전문가들은 그 사람이 가짜인 줄 알아보지만 잘 모르는 사람들은 화려한 말솜씨에 넘어간다. 그런데 나는 내가 직접 경험해보지 않고는 다른 사람한테 아는 척을 못할 것 같았다. 그래서 소셜마케팅을 논하기에 앞서 내가 직접 팔아보기로 했다. 바로 내 첫 책을 말이다.

마케팅은 어렵지 않다

나의 첫 저서인 《소셜 웹 사용설명서》은 2010년 8월 세상에 나왔다. 경제경영 분야에 주력하는 출판사에서 출간되었기 때문에 애초에 마케팅에 대해서는 크게 걱정하지 않았다. 큰 출판사는 마케팅도 다를 것이라는 기대가 남달랐다. 그런데 예상이 빗나갔다. 책이 나왔는데 반응이 전혀 없었다. 2010년에는 '소셜'이라는 개념이 아직 생소하기는 했지만 반응이 없어도 너무 없었다. 출판사 담당자의 이야기를 들어보니 매월 전략 도서를 선정해 마케팅에 집중하는데, 내 책이 전략 도서에 들지 못해서 홍보가 잘 안 되고 있단다. 모든 책을 다 밀어줄 수는 없다는 이야기이다. 저자 입장에서 이보다 더 화나는 상황이 또 있을까? 시간과 공을 들여 쓴 책인데 이대로 묻히면 안 되지 않겠는가? 출판사에게는 수많은 책들 중 한 권이겠지만 저자에게는 자식과 같은 존재이다. 그래서 내가 직접 팔아보기로 했다. 더 많은 사람들이 봐줬으면 하는 마음이 그만큼 절실했다.

우선 개인 블로그를 통해 출간 소식을 지속적으로 알렸다. 출판사에서 출판을 결심했던 이유도 내가 블로거로서 나름의 인지도가 있기 때문이었다. 책의 소개나 목차를 소개하기도 하고 내용 중 일부를 발췌해서 올렸다. IT 업계의 명사들이 작성해준 추천평을 블로그에 올리기도 했다. 어차피 내가 운영하는 개인 블로그이기 때문에 홍보에 제약은 없었다. 사소한 소식이라도 꾸준히 알렸다.

블로그에서 서평단 모집도 직접 했다. 사실 블로그라고 하는 개인 매체가 있으면 할 수 있는 것이 생각보다 많다. 나는 블로그에 서평 이벤트 공고를 내고 '소셜 웹이란 ○○○이다'에 대한 답변을 댓글로 작성하는 참여자를 모집했나. 그리고 침여한 블로거 중에서 서평단을 선정했다. 서평단 모집을 직접 하면서 여기저기 서평단 모집 공고를 올리다 보니, 자연스럽게 바이럴 마케팅으로 이어졌다.

트위터에서도 작은 이벤트를 진행했다. 추천평을 써준 정지훈 교수와 김지현 이사가 진행해주었는데, 책 내용 중 좋은 문구를 소개하고 이에 리트윗을 해주면 책을 증정하는 방식이었다. 소셜 웹과 관련된 퀴즈를 내서 맞히는 사람에게도 책을 증정했다. 이 분야의 명사들이 책을 추천하고 소개하니 트위터에서는 상당한 홍보 효과를 얻을 수 있었다.

개인 인맥도 최대한 활용했다. 친구들과 가족들에게 출간 소식을 알렸다. 대부분 출간을 축하하며 기꺼이 한 권씩 구매해주었다. 대학원 동문들에게도 이메일을 보내고 동문 카페를 통해서도 알렸다. 사회적으로 한자리씩 하고 있는 동문들이 많아서 생각보다 많은 도움을 받을 수 있었다.

저자 강연회도 몇 차례 진행했다. 처음에는 책을 내면 강의 요청도 많아질 것이라 기대했지만 그런 기회가 저절로 생기지는 않았다. 저자 강연회도 내가 직접 요청해서 만들었다. 소셜미디어연구소에서는 먼저 연락이 왔다. 세미나를 한번 해보자고 해서 흔쾌히 수락하고 강의를 진행했다. 한양대학교에서 진행한 기부 세미나에도 연사로 초청을 받아 강의했다. 이스토리랩에서 주관한 세미나였는데 참석자들의 호응이 아주 좋았다.

저자 강연회를 하면 독자들과 직접 만날 수 있어서 좋고, 무엇보다 강연회에 참석한 사람들에게 책을 소개할 수 있어서 좋다. 실제로 우연히 강연회에 참석했다가 책을 구매하고 페이스북을 통해 후기를 들려준 독자들도 꽤 있었다.

온라인으로 입소문을 내라

책 홍보와 관련해서는 무엇보다 페이스북 덕을 가장 많이 봤다. 페이스북의 입소문 효과, 네트워크 효과를 실제로 느껴볼 수 있는 기회였다. 페이스북에 《소셜 웹 사용설명서》 페이지를 개설하고 책을 소개했다. 페이스북은 장문의 글을 쓰기보다는 단문 형태로 자주 업데이트를 할 수 있기 때문에 지속적으로 알리는 것이 중요하다. 서평단에게도 서평을 작성한 후에 이곳에 와서 링크를 올리도록 요청했다. 독자들이 자발적으로 책을 읽고 난 후의 감상평을 페이지에 남기기도 했다. 페이스북 페이지를 통해 저자와의 공식적인 만남의 장소가 열렸던 셈이다. 블로그는 소통의 공간으로서 활용하기에 다소 딱딱하고 제한된 느낌이 있는 반면, 페이스북은 자연스럽게 사람과 사람이 만나는 공간으로서 개방적인 분위기를 만들 수 있었다.

한번은 내 개인 프로필을 통해 어떤 독자가 책을 재미있게 읽었다며 감사의 인사를 남겼다. 그런데 나와 페이스북 친구 관계도 아닌 사람이 그 포스팅을 보고 좋은 책인 것 같다며 자기도 읽어봐야겠다는 댓글을 올렸다. 흡사 오프라인에서 친구와 이야기를 하고 있는데 지나가던 사람이 우리 대화를 엿듣고 대화에 끼어든 것 같았다. 내게는 페이스북의 영향력을 실감하는 순간이기도 했다. 이렇게 페이스북은 상품을 소개하고 관련 소식을 알리면서 독자들과 이야기를 하다 보면 저절로 입소문이 나는 구조다. 과연 입소문을 일으키는 데 최고의 플랫폼이라 할 수 있다.

이 외에도 네이버나 다음의 기획, 마케팅 관련 카페, 링크나우 등을 통해 지속적으로 책을 소개했다. '소셜'이라는 키워드가 급부상하고 있는 시기였기 때문에 홍보를 하면서 좀 더 많은 사람들과 소통할 수 있었고 소셜의 철학을 전파할 수 있었다. 이렇게 내가 홍보에 발 벗고 나선 덕분인지 다행히도 책은 그냥 묻히지 않았다. 그렇다고 대박이 날 정도로 잘 팔린 것은 아니었지만 나름의 성과는 있었다고 자부한다.

두 번째 책부터는 요령이 생겼다. 원고를 쓰고, 출판사와 계약하고, 초고를 완성하고, 탈고하는 과정을 페이스북에 공개하기 시작했다. 쇄를 거듭할 때마다 사진으로 찍어 페이스북에 올렸다. 소셜미디어가 매스미디어에 비해 한 번에 발생하는 영향력은 작을지 몰라도 꾸준히 소식을 전하면 파급효과는 더 클 수 있다. 출간 계약을 했고, 또 초고를 완성했다고 알리면서 각각 페이스북 친구들의 기대감을 높였다. 첫 번째 책보다는 두 번째, 세 번째 책의 반응이 훨씬 빨리 나타났고 실제로 더 많이 사랑받기도 했다. 물론 책의 내용이나

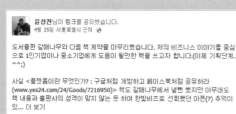

▶ 이 책 역시 출판사와 계약한 사실이나 출간 계획에 대해서 페이스북 친구들에게 먼저 알렸다. 출간 전부터 홍보의 바탕을 쌓은 셈이다.

시의성 덕분이기도 하겠지만, 책이라는 상품의 생산자로서 소셜미디어를 활용한 저자의 적극적인 홍보가 힘을 보태었을 것이라 생각한다.

하나의 예로서 내 책을 홍보한 경험을 이야기했지만, 결국 마케팅의 핵심은 어떻게 하면 더 많은 입소문을 온라인에 남길 수 있을 것인가에 달려 있다. 입소문을 다른 사람이 내주면 더할 나위 없겠지만, 그게 녹록지 않은 상황이라면 내가 직접 낸다고 해도 나쁠 건 없다. 이 사례를 책에만 국한해서 생각하지 말고 여러분의 비즈니스에 대입해보면 어떨까? 명확하지는 않지만 어렴풋이 괜찮은 마케팅 아이디어가 떠오르지 않는가? 그런 아이디어가 떠오른다면 하나씩 구체화하고 실행해야 한다. 그것이 바로 소셜마케팅이다.

새로운 마케팅 경험을 쌓는 과정

두 권의 소셜미디어 관련 도서를 출간하고 난 후 나에게는 강연 요청이 쇄도했다. 특히 2011년에는 소셜커머스 열풍이 불고 있던 터라 여기저기서 소셜커머스 강의를 해달라고 난리였다. 그렇게 세미나며 컨퍼런스며 기업 사내 교육에 초청되어 강연을 하던 와중에 문득 이런 생각이 들었다. '남들이 차려놓은 밥상에 숟가락만 올려놓을 요량으로 강의만 하러 다닐 것이 아니라 내가 직접 교육 프로그램을 만들어보면 어떨까?' 약간은 무모한 생각이었지만 하는 김에 세미나 수준보다는 소규모라도 컨퍼런스를 직접 주최하고 싶다는 열망에 사로잡혔다.

2011년 10월 즈음은 소셜마케팅에 대한 관심이 폭발적으로 증가하다가 조금 수그러들던 시기였다. 대중의 관심 주제는 소셜마케팅에 대한 개념으로 시작해 페이스북 페이지, 소셜마케팅의 성과 분석과 위기 대응 혹은 위기 관리로 넘어갔다. 더구나 이와 같은 소셜마케팅 이슈에 대한 컨퍼런스는 개별적으로 진행된 상태였다. 한 번쯤은 전체적으로 개괄하고 다음 이슈로 넘어가야 할 시점이 되었다는 생각이 들었다. 그래서 지금까지 이슈가 되었던 주제들을 모두 돌아보고 리뷰할 수 있는 컨퍼런스를 기획하기로 했다.

　우선 국내 최고의 IT 전문가를 초빙하여 다채로운 프로그램으로 구성하고자 노력했다. '소셜과 비즈니스의 미래'에 대해서는 강학주 이스토리랩 소장이, '기업의 페이스북 페이지 실전 운영 전략 및 사례'에 대해서는 이태원 겟소셜코리아 대표가, '소셜데이터 분석을 통한 Social CRM[4]의 활용'에 대해서는 박찬선 넥서스커뮤니티 부사장이 초빙되었다. 그리고 '소셜미디어 성과 분석 및 위기 대응 전략'에 대해서는 황상현 에스코토스컨설팅 부장이, 마지막으로 '플랫폼과 클라우드의 미래 비즈니스 전략'에 대해서는 와이드커뮤니케이션즈 대표인 내가 강연하는 것으로 구성하였다.

　연사를 초빙하는 데도 페이스북을 적극 이용했다. 친한 사이라면 바로 전화해서 일정만 맞추면 되겠지만 알고만 지내는 사이라면 바로 전화해서 섭외하기가 아무래도 쉽지 않다. 이럴 때 페이스북 메시지 기능이 매우 유용했다. 우선 페이스북 메시지를 통해 컨퍼런스 개요와 강연 주제, 가장 중요한 컨퍼런스 날짜와 시간을 알리고 정중하게 강연을 요청했다. 페이스북 메시지로 1차 승낙을 받은 이후

---

4 'social customer relationship management'의 준말. 소셜미디어나 기술을 활용한 고객 관계 관리를 가리킨다.

에 전화 통화를 해서 확정을 지었다.

후원사와 협찬사도 지인 네트워크를 통해 섭외하였다. 세미나로 인연을 맺은 베타뉴스에 후원사로 참여해줄 것을 요청했고, 컨퍼런스 관련 기사로 총 3건의 기사 후원을 받았다. 넥서스커뮤니티에는 강연장 후원을 요청했다. 넥서스커뮤니티의 경우 사내에 공연장으로 활용 가능한 세미나장이 있어서 장소도 무료로 이용할 수 있게 되었다. 소셜비즈니스 전략 자문을 해주고 있던 싱크싱크에는 협찬 요청을 해서 참가자들에게 제공될 선물로 컵을 협찬받았다. 이 외에 관계를 맺고 있던 출판사들에도 요청하여 다수의 책을 협찬받았다. 컨퍼런스 참석자의 인원수보다 많은 책을 협찬받아서 행사가 끝나고 난 후 두 권씩 가져가는 참석자도 있을 정도였다.

프로그램 구성이 확정되고 연사 초빙도 마무리되고 장소 섭외까지 끝난 후에는 홍보가 관건이었다. 프로그램이 아무리 좋다고 한들 참여할 사람이 모이지 않으면 실패한 컨퍼런스로 기억될 것이고, 무엇보다 유료 참석자가 없으면 적자를 면치 못할 형편이었다. 따라서 홍보에 사활을 걸 수밖에 없었다.

최대한 많은 채널로 홍보하라

홍보를 위해 제일 먼저 한 일은 동원할 수 있는 채널을 최대한 모으는 것이었다. 우선 페이스북, 트위터 개인 계정이 홍보의 핵심이

▲ 소셜인사이트 컨퍼런스는 소셜인사이트 페이지를 중심으로 홍보 전략을 수립하였다(좌: 소셜인사이트 컨퍼런스 소개 페이지 캡처 화면, 우: 소셜인사이트 페이지).

었다. 그다음으로 소셜인사이트 페이스북 페이지와 블로그와이드, 깜냥이의 웹2.0 이야기 블로그, 네이버 카페, 그리고 포털에서 스크랩 용도로 사용하고 있는 블로그를 몇 개 활용했다.

홍보를 시작하면 적극적으로 도와줄 페이스북 친구들도 있었기 때문에 든든했다. 당시 사무실을 함께 사용하고 있던 이스토리랩 강학주 소장을 비롯하여 컨퍼런스에 함께하기로 한 연사들이 페이스북이나 블로그에서 영향력이 있는 만큼 도움을 얻을 수 있으리라 생각했다.

이렇게 홍보 채널 라인업을 갖추고 소셜인사이트 페이스북 페이지를 본거지로 하여 본격적으로 홍보에 들어갔다. 소셜인사이트에 컨퍼런스 공식 페이지를 앱으로 구축하여 모든 홍보를 소셜인사이트로 집중하였다. 소셜인사이트 페이지가 랜딩페이지였던 셈이다. 덕분에 소셜인사이트 팬 수가 이 기간 동안 급증했다.

먼저 페이스북을 통해 컨퍼런스 준비 단계부터 꾸준히 알렸다. 이

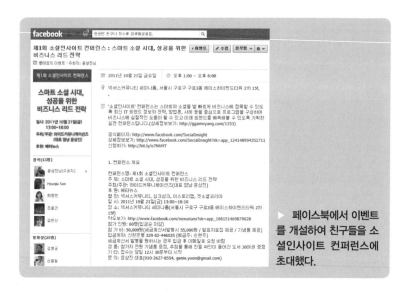

▶ 페이스북에서 이벤트를 개설하여 친구들을 소셜인사이트 컨퍼런스에 초대했다.

렇게 지속적으로 정보를 노출할 수 있다는 점은 소셜미디어의 장점 가운데 하나이다. 덕분에 내 페이스북 친구들은 소셜인사이트 컨퍼런스가 열리기 훨씬 전부터 뭔가 무서운 녀석이 곧 나타날 것임을 감지하고 있었다고 한다.

베타뉴스를 통해서는 컨퍼런스 관련 기사가 총 세 번, 즉 컨퍼런스가 열린다는 소식, 컨퍼런스 프로그램 소개, 컨퍼런스를 마친 이후 리뷰 기사로 나뉘어서 보도되었다. 이후에는 동원 가능한 모든 채널을 통해 기사들이 퍼져나가도록 유도했다. 이 기사들은 페이스북, 트위터, 블로그, 카페 등을 통해 확산시켰다. 물론 모든 홍보의 랜딩페이지는 소셜인사이트 페이스북 페이지였다. 이렇게 베타뉴스와 블로그 글이 더해지면서 네이버, 다음의 소셜마케팅 관련 검색

결과 페이지를 소셜인사이트 컨퍼런스가 점령할 수 있었다.

과연 홍보효과가 가장 뛰어난 채널은 페이스북이었다. 우선 페이스북에서 컨퍼런스 초대를 위한 공개 이벤트를 개설하고 페이스북 친구들을 이벤트에 초대했다. 지금은 워낙 이런 이벤트 초대가 많아서 스팸으로 간주되기도 하지만 그때만 해도 무분별하게 초대하지는 않았기 때문에 인식이 그리 나쁘지 않은 편이었다.

IT나 마케팅 관련 페이스북 그룹에도 컨퍼런스 소식을 알렸다. 누군가에게는 스팸 메시지에 지나지 않을 수 있겠지만, 또 누군가에게는 애타게 찾고 있던 정보일지도 모른다고 스스로 암시를 주면서 홍보하고 다녔다. 이렇게 열심히 홍보하다 보니 페이스북 내에서는 상당히 많이 알릴 수 있었다. 그리하여 당시 소셜마케팅에 관심 있는 대다수의 사람들에게 컨퍼런스 정보가 전달되었다.

페이스북 프로필을 통해서도 지속적으로 친구들에게 컨퍼런스 준비 소식과 참가자 현황을 알렸다. 경품으로 제공될 컵도 사진을 찍어 공개했다. 거기다 지인들도 컨퍼런스 소식을 자신의 친구들에게 알려줘서 입소문이 많이 날 수 있었다. 나 혼자만 컨퍼런스 홍보를 위해 뛴 건 아니었다. 강학주 소장을 위시한 이스토리랩 직원들이 물심양면으로 도와주었고 그동안 많은 프로젝트를 협업했던 투데이텐 이동철 대표와 같은 파트너들도 홍보에 적극 동참해주었다.

이렇게 해서 정원 60명으로 진행된 소규모 컨퍼런스에 50명 이상의 유료 참가자를 모집할 수 있었다. 모집 초기에는 생각보다 인원이 모이지 않아서 노심초사했지만 컨퍼런스가 열리기 일주일 전 참가자가 대거 몰리면서 성황리에 마칠 수 있었다. 진행요원이 부족한 탓에 행사 진행이 매끄럽지는 않았지만, 내가 주체가 되어 기획하고 준비하고 홍보하고 실행해서 이뤄낸 결과물이었기 때문에 더욱 보람된 행사였다. 행사가 다 끝났을 때의 기쁨이란 이루 말할 수가 없었다. 강사료, 강의 자료집 제작비, 엑스배너 제작비, 기타 경비 등을 지출하고, 내 한 달 인건비 정도는 챙길 수 있었으니 충분히 만족스러운 결과였다.

컨퍼런스를 기획하면서 한 가지 원칙을 세웠다. 절대 돈을 들여 광고를 하지 않겠다는 원칙이었다. 오로지 소셜의 힘만으로 소셜인사이트 컨퍼런스 참가자들을 모아보겠다는 야심찬 계획이었다. 실제로 유료 광고로 나간 돈은 전혀 없었다. 지금 생각하면 무모한 도전이었다. 적은 수준이겠지만 예산을 책정해서 키워드 광고나 페이스북 광고 정도를 진행했다면 좀 더 홍보 효과를 누릴 수 있었을 테니 말이다.

소셜인사이트 컨퍼런스 홍보 과정을 보면서 어떤 생각이 드는가? 물론 부족한 부분도 있었지만 소셜마케팅의 거의 모든 인사이트가 녹아들어가 있을 것이다. 다양한 마케팅 경험은 우리에게 전에는 몰랐던 새로운 인사이트를 제공해준다. 직접 경험하는 것이 여의치 않다면 다른 이들의 사례를 들어보는 것도 좋다. 이런 사례를 여러분의 아이템에 접목해서 생각한다면 한층 더 쉽게 여러분만의 소셜마케팅 전략을 수립할 수 있을 것이다.

페이스북 프로필을
어떻게 활용할까?

● ● ●

소셜인사이트 컨퍼런스 사례에서도 드러났듯이 요즘 최고의 홍보 채널은 페이스북이다. 물론 제품이나 서비스에 따라 블로그가 좋은 홍보 효과를 발휘할 수도 있고 카페가 더 좋은 홍보 효과를 발휘할 수도 있다. 이도 저도 아니면 키워드 광고가 답일지도 모른다.

이처럼 제품이나 서비스에 따라 얼마간의 차이는 있겠지만 어쨌든 지금 가장 핫한 채널은 페이스북이다. 이미 대한민국 페이스북 사용자수가 1천만 명을 넘어섰다. 1천만 명을 넘어섰다는 것은 대한민국에서 하나의 문화로 자리 잡았다는 의미가 된다. 사람과 사람 사이의 관계를 이용하는 페이스북은 특유의 네트워크 효과를 발생시켜 급속하게 입소문이 날 수 있는 좁고도 넓은 공간이다.

물론 페이스북이 만능은 아니다. 실제로 수많은 기업들과 마케터, 스패머들이 페이스북을 상업적인 메시지와 광고, 홍보로 도배하고 있다. 한마디로 점점 쓰레기장으로 변해가고 있는 것이다. 이는 매우 심각한 수준이다. 소위 19금 사진, 동영상, 야설이라 할 만한 것들도 많다. 그럼에도 불구하고 페이스북은 이미 대한민국에서 1천만 명, 전 세계적으로는 10억 명 이상의 가입자들이 활동하고 있는 세계 최대의 소셜네트워크서비스다. 적어도 앞으로 몇 년간은 페이스북이 홍보 채널로서 유효하다고 판단하는 이유도 여기에 있다.

소규모 기업을 위한 최적의 조건

페이스북은 프로필과 페이지로 나뉜다. 프로필은 개인 회원으로 가입하면 만들어지는 것이고 페이지는 기업이나 브랜드 혹은 커뮤니티가 활동하기 위해 별도로 만드는 계정이다. 원래는 프로필로 홍보나 마케팅 활동을 하지 못하도록 되어 있다. 페이스북 측에서는 프로필은 순전히 친구들과의 소통에 집중하고 홍보나 마케팅은 페이지를 통해서만 하도록 구분하길 권장하고 있다.

물론 대기업에는 크게 관계없는 이야기다. 어차피 직원 수만 해도 몇만 명이 될 텐데 그들이 자신의 프로필까지 할애하면서 회사를 위해 홍보하지는 않을 테니 말이다. 활동한다 해도 티도 안 날 것이다. 웬만한 대기업들은 이미 팬 수도 적잖이 확보한 상태여서 굳이 프로필까지 동원할 필요가 없다. 특히 페이스북은 쉽고 빠르게 스스로 광고를 진행할 수 있도록 광고 시스템도 잘 만들어놓았기 때문에, 광고비만 조금 들이면 어렵지 않게 더 많은 사람들에게 홍보할 수 있다. 경품 이벤트만 주기적으로 해도 페이지 활성화에는 문제가 없는 상태이다.

그런데 문제는 우리같이 예산이 넉넉지 않은 개인이나 1인 기업, 중소기업이다. 페이지라고 해서 기껏 열어봐야 팬 100명 모으기도 힘에 부친다. "페이지 개설했으니 오셔서 '좋아요'라도 좀 눌러주세요"라고 백날 떠들어봐야 소용이 없다. 페이스북 초창기에는 가능한 이야기였을 테지만 이미 사람들은 페이지에 질려버렸다. 너무 많은 페이지들이 범람하고 있는 데다, 페이지 자체가 기업이 운영하는 것이다 보니 상업적 메시지가 넘쳐나기 때문이다. 경품만 보고 달려드는 경품족의 타깃이 되기 십상이다.

내가 3년 가까이 운영해오고 있는 소셜인사이트 페이지도 이제 겨우 1천 명을 달성했다. 그런데 이 1천 명이 광고비 30만 원에서 50만 원만 투자하면 하루 이틀 사이에 달성할 수 있는 팬 수라면 어떨까? 역시 돈이 좋구나 하는 생각이 들지도 모른다. 한창 사람들이 페이스북을 공부하고 있을 무렵, 페이스북에 '좋아요(fb.com/groups/likepage)'라고 하는 그룹이 생겼다. 일종의 페이스북 '좋아요' 품앗이라고 보면 되는데, 회원들끼리 서로의 페이지에 가서 '좋아요'를 하고 자기 페이지에도 '좋아요'를 해달라고 요청하는 그룹이다. 이 그룹의 회원이 2천 200명을 넘어섰다. 예전에는 페이지의 고유 URL을 만들려면 팬 수가 25명을 넘어야 했기 때문에 이를 달성하기 위한 수단으로 만든 그룹이었다. 지금은 팬 수를 늘리는 용도로 사용되고 있다. 그러나 제아무리 이 그룹을 이용한다 해도 팬 수 늘리는 데에는 한계가 있다. 부지런히 돌아다니며 홍보를 한들 100명 모으기가 벅차다.

내가 말하고자 하는 요지는 페이지의 허상이 존재한다는 사실이다. 특히 1인 기업이나 개인에게는 페이지가 별 의미 없다. 친구 2천 명을 만들기는 쉬워도 팬 100명 만들기는 어렵다. 상황이 이러한데 페이지를 만들고 팬을 늘리기 위해 고군분투하고 있는 모습들을 보고 있노라면 안타깝기 그지없다. 물론 공식 페이지는 필요하다. 하지만 공식 페이지에 시간과 노력을 쏟아붓지 말고 프로필을 잘 활용해보라고 조언하고 싶다. 같은 글을 프로필과 페이지에 올려보면 프로필에서 훨씬 많은 '좋아요'와 댓글이 나온다. 지극히 당연한 결과이지만 우리는 많은 소셜마케팅 책과 강의를 통해 페이지를 마케팅에 활용하라고 배워왔기 때문에 페이지에 대한 막연한 환상이 있음을 인정해야 한다. 이제는 그 환상을 깨자.

무엇보다도 페이스북 마케팅 효과 분석을 해보면 페이스북 페이지에 업데이트된 콘텐츠가 더 이상 네트워크 효과를 타고 많은 사람에게 전파되지 않는 모습을 확인할 수 있다. 팬 수가 1천 명이라 해도 콘텐츠가 도달되는 범위는 기껏해야 100명 내외다. 2011년경만 해도 콘텐츠 도달 범위가 팬 수보다 훨씬 많이 잡혔다. 팬뿐만 아니라 팬의 친구들에게까지 콘텐츠가 전파되었기 때문이다. 이제는 순수한 네트워크 효과로는 답이 없다.

결국 페이스북에 광고를 해서 콘텐츠를 홍보해야 한다. 그런데 이것이 생각보다 효과가 좋다. 광고 타깃을 마음껏 선택할 수 있기 때

게시물·알림			
게시	총 도달?	광고 도달 범위?	홍보
쇼핑 저널 이버즈(www.ebuzz.co.kr)에...	79	--	📣 게시물 홍보하기 ▼
11월 1일 아침입니다. 이제 조금만 있...	376	--	📣 게시물 홍보하기 ▼
10월의 마지막 밤이 서서히 다가오고...	1,124	1,086	✔ 완료 ▼
아이캔디 윈드스핀 티몬 핫딜이 마감...	2,661	2,522	✔ 완료 ▼
[티몬핫딜 마감임박] 티몬 핫딜 마감이...	2,617	2,510	✔ 완료 ▼
헬로우님께서 블로그에 올려주신 동영...	144	--	📣 게시물 홍보하기 ▼

▲ 광고를 한 콘텐츠와 광고를 하지 않은 콘텐츠는 도달 범위에서 확연한 차이를 보인다.

문이다. 말하자면 위치, 나이, 성별, 관심사에 따라 광고를 집행할 수 있는데, 20세에서 40세까지의 대한민국 여성 회원 등으로 타깃을 구체적으로 선정하여 광고를 하면 된다. 타깃이 정해지면 실시간으로 전체 도달 타깃 수가 나오고 광고 예산에 따른 예상 도달 타깃 수도 나온다. 팬이 적더라도 콘텐츠를 광고함으로써 훨씬 더 많은 사람에게 노출시킬 수 있고 광고 효과도 괜찮다. 이제 더 이상 팬 수는 의미가 없을지도 모른다.

거부감 없는 홍보

운영하고 관리해야 할 채널이 늘어나는 것은 계속해서 경계해야 할

사항이다. 갑자기 좋은 아이디어가 떠올라 채널만 이것저것 만들었다가는 방치되기 십상이다. 나부터도 그랬다. 블로그, 카페, 웹사이트, 페이스북 페이지, 그룹 등 알게 모르게 만들어놓기만 한 뒤 제대로 운영하지 못해 방치하는 것들이 수두룩했다. 이렇게 방치되는 채널들은 낭비이다. 정작 필요한 사람들이 활용하지 못하기 때문이다.

페이스북은 친구를 만들고 늘려나가는 데 굉장히 효율적인 기능을 갖고 있다. 바로 친구 추천 기능인데 이 덕분에 친구 추가도 손쉽게 할 수 있다. 이를 이용해서 친구를 늘려나가다 보면 친구 1천 명은 금방 만들 수 있다. 물론 홍보나 마케팅 용도로 활용하고자 무분별하게 친구를 모은다고 비판할 수는 있다. 순수하게 지인들과의 네트워크만을 원한다면 지인들끼리 친구를 맺고 훨씬 친밀하게 페이스북 활동을 할 수 있다. 하지만 페이스북이라는 공간은 사실 모르는 사람들과도 스스럼없이 친구를 맺고 친해지기 위해 만들어진 서비스임을 잊어서는 안 된다. 페이스북은 더 많은 사람들과 교류할 수 있도록 지원하는 데 최적화된 서비스이기 때문이다.

프로필은 기본적으로 사람과 사람 사이의 네트워크를 기반으로 하고 있기 때문에 입소문 효과가 매우 좋다. 내가 올린 글이나 사진, 동영상이 내 친구들에게도 보이지만 그들의 친구들에게도 자연스럽게 전파된다. 이렇게 거부감 없이 홍보가 가능한 서비스는 일찍이 없었다.

1인 기업이나 중소기업은 대표가 해야 할 일이 많다. 이렇게 작은 기업들의 페이지는 대표자 본인이 운영하는 경우가 많다. 나 또한 페이지를 직접 운영하고 관리한다. 이런 상황에서는 페이지가 제대로 운영되기 쉽지 않다. 오히려 친구들에게 친밀하게 다가갈 수 있는 프로필이 더욱 이상적이다. 아무래도 기업의 대표는 어떤 기업이건 간에 일반인들보다 영향력이 더 높다. 이러한 대표들이 자신의 친구들에게 이런저런 제품이나 서비스에 대한 소식을 알렸을 때의 영향력은 상당하다. 사회적으로 명사 반열에 오른 사람들이 페이스북에서 하는 한마디는 큰 영향력을 발휘한다. 마찬가지로 한 기업의 대표도 큰 영향력을 발휘할 수 있으니 이를 잘 활용해야 한다.

그렇다고 해서 페이지를 만들지 말라거나 굳이 하지 말라는 이야기는 아니다(페이스북 페이지에 대해서는 다음 장에 자세히 다룰 것이다). 페이지는 공식적으로 꼭 필요하다. 하지만 거기에만 얽매이지는 말아야 한다. 그보다는 콘텐츠를 지속적으로 업데이트하고 그것을 프로필로 공유하는 방식이 좋다. 이렇게 하면 페이지와 프로필을 동시에 관리할 수 있다. 참고로 페이스북 친구들에게 공유할 때는 공식적이기보다는 친밀한 말투가 더 적합하다.

1인 기업이나 개인, 혹은 중소기업에게 페이지는 계륵과 같은 존재다. 만들 필요는 있지만 운영에는 시간과 노력이 들어가고, 그렇다고 효과가 빠르게 나타나지도 않는다. 하지만 여기에 자신의 프로필을 적절하게 활용한다면 더 재미있고 효과적으로 운영할 수 있다. 프로필을 홍보나 마케팅 용도로 사용하지 말라는 건 페이스북의 공식 입장일 뿐이다. 우리는 프로필을 최대한 활용해서 좋은 효과를 얻기 위해 노력해야 한다. 그게 마케터가 해야 할 일이다.

고객과의 인게이지먼트를 높여라

● ● ●

페이스북은 관계 지향적인 구조로 이루어져 있다. 그리고 그것은 관계에 기반을 둔 반응력이 얼마나 강력한지를 가시적으로 보여주고 있다. 페이스북은 입소문과 같은 네트워크 효과가 매우 뛰어나 팬들과 유기적인 관계만 유지해도 콘텐츠가 알아서 확산될 정도로 힘이 있는 매력적인 플랫폼이다.

페이스북의 가장 큰 장점은 고객과의 인게이지먼트를 높이는 데 최적화된 미디어라는 것이다. '인게이지먼트engagement'란 소비자가 특정 브랜드나 제품에 대해 느끼는 친밀감이나 몰입도라고 할 수 있다. 오늘날의 기업들은 소비자와의 인게이지먼트를 높이기 위해 혈안이 되어 있다. 이를 위해 소비자들과 좀 더 가까이 가서 그들과 관계를 맺고 소통해야 하는 상황이 되었고, 이에 최적화된 소셜미디어가 바로 페이스북인 셈이다. 기업들은 당장 매출이 발생하지 않더라도 페이스북을 통해 고객과의 관계를 강화하고 유지함으로써 친밀감을 높이는 데 주력해야 한다.

고객의 반응을 탐지하라

블로그에 비해 페이스북은 방문자의 반응에 굉장히 민감하다. 블로그는 모든 콘텐츠를 담을 수 있는 큰 그릇과 같기 때문에 문구 하나 때문에 일희일비하지 않는다. 하지만 페이스북은 표현할 수 있는 그릇이 작아 모든 문구에 반응이 온다. 같은 내용이라도 딱딱한 문구에는 냉랭하고 재치 있고 정감 가는 문구에는 반응이 뜨겁다. 이런 까닭에 페이스북에서 글쓰기가 쉬운 듯 보여도 실은 상당히 어렵다. 특히 나처럼 블로그 글쓰기에 길들여진 사람에게는 호흡이 짧은 페이스북 글쓰기가 더 어렵다. 짧은 글로 사람의 감성을 자극하고 움직여야 하기 때문이다.

페이스북에서는 상대방이 어떤 반응을 보일 것인가를 신중히 고려해야 하는데, 텍스트로 모든 감정을 표현해야 하니 어려운 건 당연하다. 더구나 사람들의 감성은 제각각이라 모두의 마음을 움직이기가 쉽지 않다. 경우에 따라 다르겠지만 감성이 풍부할수록 페이스북 운영하기가 더 유리한 면이 있다.

그러나 노력한 만큼 보람이 크다는 보편적인 법칙은 페이스북에도 통한다. 지금부터는 기업 홍보를 위해 일반적으로 이용하는 페이스북 페이지 개설 및 운영 과정을 전체적으로 살펴보자.

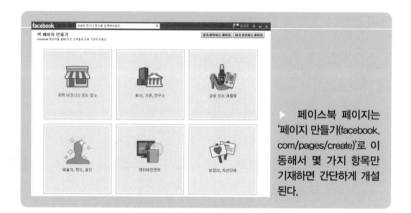

▶ 페이스북 페이지는 '페이지 만들기(facebook. com/pages/create)'로 이동해서 몇 가지 항목만 기재하면 간단하게 개설된다.

먼저 페이스북 페이지를 개설한다

페이스북 페이지 개설은 매우 간단하다. '페이지 만들기'로 이동해서 카테고리 선택 후 페이지 이름을 입력하면 바로 시작할 수 있다. 페이지가 개설되면 페이지 전용 URL을 만들어야 하는데, URL만 봐도 기업이나 브랜드가 연상되고 쉽게 기억할 수 있어야 한다. 페이지 전용 URL을 만들기 위해서는 팬 수가 25명 이상 되어야 하므로 초기에는 지인이나 관계자에게 부탁해 팬 수를 늘린다.

이제 팬을 모을 차례다

페이스북 페이지는 개인용 페이스북 친구 신청과 다르다. 개인용 페이스북에서는 친구 신청 이후 승인 절차를 거치지만, 페이지는 단순하게 '좋아요' 버튼만 클릭하면 팬이 될 수 있다. 페이지를 처음 만들면 팬이 한 명도 없는 상태이기 때문에 자신의 이야기를 들어줄 팬을 모으는 것이 우선이다. 우선 자신의 페이스북 프로필에 페이지 개설 소식을 알리고 팬이 되어줄 친구를 모은다. 친구들을 페이지로 초대해서 적극적으로 알릴 수도 있다. 자주 활동하는 그룹에서 페이지를 홍보하는 것도 팬 수를 늘리는 방법이다. 하지만 앞서 말했듯 가장 단순하고 효율적인 방법은 결국 광고다. 페이스북에 비용을 지불하고 광고를 하면 비교적 손쉽게 팬을 늘릴 수 있다. 매달 일정 예산을 책정해서 페이스북에 지속적으로 광고를 하면 된다.

들어줄 사람이 생겼으니 이제 콘텐츠로 승부할 차례다

팬이 기업이나 브랜드를 지속적으로 인지하고 반응하게 하려면 주기적으로 브랜드 이미지에 맞는 콘텐츠를 기획하고 포스팅해야 한다. 타깃 고객이 좋아할 만한 콘텐츠를 지속적으로 제공하기 위한 노력도 해야 한다. 단순하게 기업이나 브랜드에 관련된 콘텐츠만 제공하게 되면 팬들은 식상함을 느끼고 떠날 수 있다. 따라서 타깃 고객이 관심을 갖되 어느 정도 브랜드와 연관성이 있는 콘텐츠를 지속적으로 제공할 필요가 있다. 이러한 콘텐츠는 고객과의 인게이지먼트를 끌어올리는 데 가장 큰 역할을 한다.

콘텐츠를 만들었다면 도달율을 높여라

좋은 콘텐츠를 만들었다고 끝이 아니다. 팬들에게 제대로 전달되지 않으면 소용이 없다. 따라서 콘텐츠의 도달율을 높이기 위한 활동이 필요하다. 보통은 페이지에 콘텐츠를 올리고 '공유하기' 기능으로 콘텐츠를 자신의 프로필로 가져와서 친구들에게 홍보하는 방법을 사용한다. 인위적인 방법이기는 하지만 직원이나 지인이 꾸준히 실시하면 꽤 상당한 노출량을 확보할 수 있다. 공유하기 이외에도 '좋아요'나 댓글 달기 등의 활동을 함께하면 관계 지수가 높아져서 다른 팬들에게까지 노출될 확률이 높아진다.

페이스북에는 '엣지랭크'라고 하는 알고리즘이 있는데, 이 알고리즘을 통해 친구나 팬과의 관계 지수를 측정하여 뉴스피드에 인기 글로 노출시킬 수 있다. 어떻게 하면 팬들의 뉴스피드에 인기 글로 노출시킬 것인지를 연구해야 하는 것이다. 엣지랭크 알고리즘은 '친밀도affinity', '가중치edge weight', '시의성time decay'을 고려하여 뉴스피드에 올라올 글을 선별하는 것으로 알려져 있다. 하지만 최근에는 엣지랭크가 거의 무용지물이다. 친구 관계에서는 통용되지만 페이지와 팬의 관계에서는 좀처럼 노출이 되지 않는다. 결국 페이스북에 돈을 지불하고 노출시킬 수밖에 없다. 페이스북이 광고 수익을 챙기기 위해 페이지 콘텐츠의 노출을 제한하고 있기 때문이다. 페이스북 페이지에는 포스트별로 홍보를 할 수 있는 기능이 있어서 비용을 들이면 수만 명의 사람에게도 노출할 수 있다. 예산을 조금만 투자하면 타깃 고객에게 내가 원하는 콘텐츠를 노출시킬 수 있다.

콘텐츠가 노출되는 타깃 고객층도 상당히 세부적으로 설정할 수 있다. 지역, 나이, 성별뿐만 아니라 관심사까지 설정 가능하다. 광고비는 총 예산과 일일 예산을 책정하여 원하는 광고 게재 기간을 설정할 수도 있다. 총 예산과 광고 기간을 설정하면 광고 기간 동안

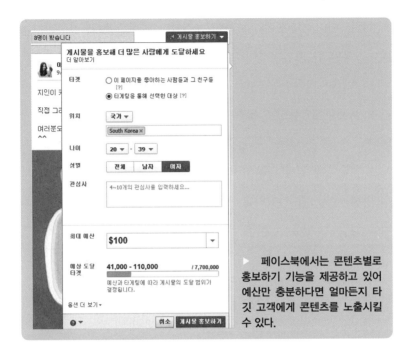

8명이 봤습니다   게시물 홍보하기 ▼

게시물을 홍보해 더 많은 사람에게 도달하세요
더 알아보기

타겟	○ 이 페이지를 좋아하는 사람들과 그 친구들 [?]
	● 타게팅을 통해 선택한 대상 [?]
위치	국가 ▼
	South Korea ×
나이	20 ▼ - 39 ▼
성별	전체 남자 **여자**
관심사	4~10개의 관심사를 입력하세요...
최대 예산	**$100** ▼
예상 도달 타겟	**41,000 - 110,000** / 7,700,000
	예산과 타게팅에 따라 게시물의 도달 범위가 결정됩니다.

옵션 더 보기 ▼

? ▼   취소   **게시물 홍보하기**

▶ 페이스북에서는 콘텐츠별로 홍보하기 기능을 제공하고 있어 예산만 충분하다면 얼마든지 타깃 고객에게 콘텐츠를 노출시킬 수 있다.

노출량을 적절히 조절하여준다. 이렇게 고객의 반응을 끌어내기 위해 많은 고민을 하고 테스트하면서 콘텐츠 기획에 힘쓰는 한편, 광고도 적절히 진행해야만 한다. 그런데 이런 식으로 진행하면 일정 수준 이상의 마케팅 성과를 내기 위해서는 페이스북에 돈을 낼 수밖에 없다는 결론이 나온다. 페이스북도 더 이상 무료로 누릴 수 있는 미디어는 아닌 것이다.

페이스북은 끊임없이 변화하고 있다. 페이지 노출 알고리즘도 수시로 변화하고 있기 때문에 항상 페이스북의 변화에 주의를 기울여야 한다. 페이스북에서의 노출이 예전만 못하다고 해도 아직까지는 페이스북만 한 소셜미디어도 없다. 또 노출이 제대로 되지 않아 기업 고객들이 페이스북을 떠나기 시작하면 페이스북도 수익원이 사라지기 때문에, 분명 일정 수준 이상으로 노출량을 유지할 수밖에 없다.

요컨대 매월 일정 수준의 예산을 할당해서 타깃 고객층이 관심 가질 만한 콘텐츠를 기획하고 제작하면서 광고도 함께 진행한다면 성과를 높일 수 있을 것이다. 페이지 운영이 쉽지만은 않지만 노력한 만큼 성과도 따라온다는 것을 잊지 않길 바란다.

소기업을 위한 홍보마케팅의 정석

1부 퍼스널 브랜딩에서도 이야기했듯이 사람들은 블로그를 기본적으로 힘들어한다. 블로그가 새로운 미디어로 급부상하면서 많은 사람들이 달려들긴 했지만 제대로 운영하고 있는 경우는 손에 꼽을 정도다. 네이버나 다음에 가입한 뒤 자동적으로 개설되어도 운영하지 않던 블로그를 과연 기업 블로그로 운영할 수 있을까 의구심이 들 수도 있고 꾸준히 콘텐츠를 업데이트한다는 것이 쉽지 않겠지만, 그럼에도 불구하고 기업의 공식 채널로서 블로그 운영은 반드시 필요하다.

기업 공식 블로그는 기업의 브랜드나 제품, 기업의 내부 스토리를 일반 대중에게 전달하여 브랜드 인지도와 기업 신뢰도를 높이기 위해 운영한다. 특히 기존 매스미디어로는 전달하기 힘들었던 기업의 공식 입장을 공식 블로그로 전달할 수 있어 기업이 통제 가능한 미디어로서의 역할을 톡톡히 해낼 수 있다.

혼자서 기업 블로그를 운영하는 노하우

기업 블로그는 1인 기업이나 중소기업에게 홍보 마케팅의 첨병 역할을 한다. 만약 쇼핑몰에서 50퍼센트 할인 이벤트를 진행한다고 해도 키워드 광고나 배너 광고를 하지 않는 이상에는 알릴 길이 없다. 이럴 때 블로그에 이벤트 소식을 올리고 홍보하면 검색 포털에 노출되기 때문에 곧바로 타깃 고객에게 이벤트 소식을 알릴 수 있다. 특히 네이버는 검색 점유율에서 70퍼센트 이상을 차지하고 있기 때문에 네이버 검색결과에 어떻게 노출되느냐가 매우 중요하다.

기업 블로그가 없다면 개인 블로그를 통해 홍보할 수도 있지만 처음부터 기업 홍보용으로 운영하는 것이 장기적인 관점으로나 고객과의 신뢰관계 구축을 위해서도 유리하다. 물론 많은 사람들이 기업 공식 블로그를 부담스럽게 여길 수도 있을 것이다. 주기적인 콘텐츠 업데이트에 대한 부담도 있고, 기업의 공식적인 메시지가 사회적으로 문제를 일으킬 수도 있기 때문이다.

그러나 기업 블로그도 사실은 어렵지 않다. 시작하지도 않고 막연하게 두려워하지만 말고 당장 시작해보라. 몇 가지 노하우만 습득하고, 문제의 소지가 될 만한 부분이 발생하지 않도록 주의하여 운영하면 생각보다 어렵지 않을뿐더러 좋은 성과도 낼 수 있다.

먼저 기업 블로그에서 이야기하고자 하는 큰 주제를 선정하여 블로그명과 카테고리를 구성한다

블로그에서 기업에 대해 이야기할지, 아니면 브랜드에 대해 이야기할지, 제품에 대해 이야기할지도 명확히 정해야 한다. 그렇게 큰 주제가 정해지면 그 주제를 가장 잘 드러내는 블로그명을 지으면 된다. 그다음으로 세부 카테고리까지 구성하면 블로그에서 어떤 이야기를 할지에 대한 기본적인 뼈대가 갖추어졌다 볼 수 있다.

이렇게 기본 구성을 마친 이후에 블로그를 정식으로 오픈하면 된다. 블로그 운영 주체인 기업에 대한 소개와 앞으로의 포부를 당당히 밝힌 오픈 인사로 첫 포스팅을 발행한다. 기업 대표가 직접 작성하면 더욱 신뢰를 줄 수 있다. 그다음에는 블로그 운영 정책에 대한 포스팅을 발행한다. 앞으로 어떤 콘텐츠들이 업데이트될지에 대한 설명과 고객 응대에 대한 부분을 공지하는 것이다. 이것까지 한다면 본격적인 블로그 운영에 들어갈 기본 준비를 마친 셈이다.

사전에 블로그 운영 필진을 구성할 필요도 있다. 필진으로 내부 직원을 활용하면 기업이나 브랜드에 대한 진솔한 이야기를 끌어낼 수 있다는 장점이 있다. 중소기업의 경우에는 대표가 직접 필진이 되기도 한다. 내부 직원을 활용하기 힘들다면 외부 필진을 뽑을 수도 있다. 제품을 이미 사용해보고 이에 대해 잘 알고 있는 고객 중에서 뽑거나 글을 잘 쓰는 블로거를 섭외하는 것이다. 외부 전문가를 섭외해서 매달 정기적으로 칼럼을 올려도 좋다. 블로그는 말 그대로 사람 냄새가 풍기는 소셜미디어다. 그만큼 어떤 사람이 운영할 것인가 하는 문제는 매우 중요하다.

블로그에 적합한 콘텐츠를 제작한다

필진이 구성되었으면 이제 본격적으로 콘텐츠를 제작해야 한다. 블로그의 특성상 텍스트가 가장 훌륭한 콘텐츠다. 글로써 사람을 웃게도 하고 울게도 한다. 이런 이유로 블로그를 어려워할 수도 있겠지만 사실 기업 블로그에서 글이 화려하고 길 필요는 없다. 화려한 미사여구보다는 절제된 글과 유용한 정보에 이미지, 동영상 같은 콘텐츠가 곁들여지면 흠잡을 데 없이 훌륭한 블로그 콘텐츠가 된다.

초기에는 너무 무겁지 않게 운영하려는 노력이 필요하다. 정보 전달 위주로 가볍게 운영하면서 차츰 콘텐츠의 깊이를 다져나가는 것이 좋다.

콘텐츠를 확산시키고 입소문을 유도하라

좋은 콘텐츠는 자연스럽게 퍼져나가기 마련이지만 처음부터 알아서 퍼지지는 않는다. 콘텐츠가 확산될 수 있도록 기본적인 노력을 기울여야 한다. 우선 블로그 방문자의 대부분은 검색을 통해서 들어오기 때문에 네이버, 다음, 구글 등에 콘텐츠가 노출될 수 있도록 한다. 검색엔진 등록은 기본이고 검색 결과 상위에 노출되도록 콘텐츠도 최적화시킨다. 다음뷰, 믹시, 블로그와이드와 같은 메타블로그에도 블로그 RSS를 등록하여 글이 확산되도록 설정해야 한다.

직원이나 관계자를 활용해 인위적으로 확산시키는 방법도 있다.

블로그, 페이스북, 트위터 등의 개인 계정을 활용해 블로그 콘텐츠를 소개하고 방문을 유도하는 것이다. 초반에는 인위적인 입소문이 필요하지만 콘텐츠의 질이 높아지면 알아서 입소문이 나고 확산될 것이다.

고객의 참여를 끌어내라

소셜미디어의 가장 큰 장점은 쌍방향 소통이 가능하다는 것이다. 그만큼 고객의 참여는 소셜마케팅의 성패를 가르는 아주 중요한 요소다. 블로그가 페이스북에 비해 고객의 참여를 끌어내기 쉽지 않은 미디어지만 일단 끌어내면 효과는 더 크다. 가장 간단한 방법으로 댓글과 트랙백을 활용할 수 있다. 제품에 대한 불만이나 개선했으면 하는 부분에 대해 허심탄회하게 댓글로 남겨주면 다음 제품 개발에 반영하겠다고 하는 식의 포스트를 작성하는 것이다.

비슷한 주제의 블로그 포스트를 찾아서 트랙백을 주고받으면서 다른 블로거와 교류할 수도 있다. 포스트 스크랩이나 댓글 남기기처럼 참여가 쉬우면서도 콘텐츠를 확산할 수 있는 이벤트를 지속적으로 기획하라. 고객의 참여를 꾸준히 끌어내면서 신뢰관계를 구축할 수 있을 것이다.

다시 강조하지만 기업 블로그는 어렵지 않다. 대기업과는 달리 1인 기업이나 중소기업은 필진 한두 명이면 운영이 되기 때문에 인원이 그리 많이 필요하지도 않다. 물론 소셜미디어 전담 직원을 둘 정도

로 여력이 있는 중소기업은 흔치 않기 때문에 내부 직원 간의 협력
이 필요하다. 처음부터 너무 크게 시작하지 말고 작게 시작해서 키
워나간다는 생각으로 접근해보자. 블로그를 통해 어떤 성과가 나오
는지를 분석하면서 조금씩 규모를 키우다 보면 그저 어렵지만은 않
을 것이다.

고객을 끌어당기는 스토리텔링

● ● ●

요즘 '스토리텔링storytelling'이라는 말이 참 많이 회자되고 있다. 여기저기에서 스토리텔링에 대해 이야기한다. 그런데 자세히 보면 그 실체가 참 막연하다. 성공 사례들도 보면 이게 과연 스토리텔링으로 성공한 것인지, 아니면 성공한 광고 캠페인을 스토리텔링의 관점에서 해석한 것인지 헷갈린다. 도대체 스토리텔링의 정체가 뭘까?

스토리텔링이란 '스토리story'와 '텔링telling'의 합성어로, 메시지를 재미있고 설득력 있게 전달하고자 텍스트, 이미지, 영상, 음성, 음악, 애니메이션, 웹툰 등 다양한 콘텐츠를 활용하여 이야기를 만드는 것이다. 그렇기 때문에 창의적인 아이디어와 콘텐츠 생산을 위한 스토리 기획이 무엇보다 중요하다. 한마디로 전달하고자 하는 메시지를 우회적으로, 그리고 은연중에 녹여 넣어서 콘텐츠를 만드는 일이 바로 스토리텔링이라 할 수 있다.

어려운가? 그렇다. 이게 참 쉽지 않다. 더구나 나처럼 소위 '돌직

구'를 날리길 좋아하는 사람에게 우회적으로 이야기를 만드는 일은 참 어렵다. 소셜인사이트 컨퍼런스를 홍보하면서 블로그에 컨퍼런스 관련 포스팅을 직접적으로 올린 일이 있었다. 그러자 지인이 지적했다. 그렇게 직선적으로만 홍보하면 광고로 인식이 되어 사람들이 제대로 읽지도 않는다는 것이었다. 그는 스토리텔링 기법을 이용해서 관련 정보들로 밑밥을 던져놓고 짤막하게 관련 컨퍼런스 소식을 알리는 게 더 효과적이라고 조언했다. 처음에는 당혹스러웠다. 블로그 마케팅으로 먹고사는 내가 이런 충고를 받으니 당황스럽기도 하고 한편으론 부끄러웠다. 그것은 확실히 일리가 있는 조언이었다.

그래서 나는 이후 직선적인 컨퍼런스 홍보보다는 소셜마케팅에 대한 최신 트렌드나 인사이트를 먼저 전달하고 컨퍼런스 소식을 알리는 방향으로 선회했다. 스토리텔링이 가미되니 전보다 훨씬 더 많은 호응을 이끌어낼 수 있었다. 이러한 스토리텔링 방식을 이용하여 참가자를 얼마나 더 모았는지 수치로 정확히 알 수는 없지만 블로그에서의 반응만 봐도 더 많은 사람들로부터 호응을 이끌어낸 건 분명했다. 더 많은 사람들에게 컨퍼런스 소식이 전파된 것은 말할 것도 없다. 그만큼 매체의 도달 범위가 넓어지기 때문에 참가자를 모집할 확률 또한 높아진 것이다. 사람들은 정보와 광고를 구분하려 들기 때문에 광고로만 접근해서는 승산이 없다. 그러므로 정보와 광고를 적절히 배합해서 스토리를 만들어야 한다.

이용자가 많지 않았던 페이스북이나 블로그 초창기에는 대놓고

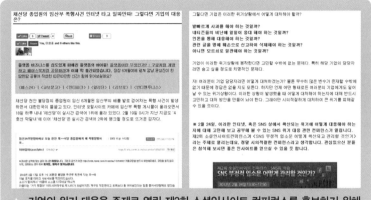

▲ 기업의 위기 대응을 주제로 열린 제2회 소셜인사이트 컨퍼런스를 홍보하기 위해 당시 이슈가 되었던 채선당 임산부 폭행 사건을 예로 들었다. 이 사건을 계기로 기업의 위기 대응 전략을 키워야 한다는 취지의 글을 블로그에 올렸다. 블로그 본문에는 컨퍼런스에 대한 이야기는 전혀 하지 않고 본문 하단에 컨퍼런스 정보를 간략하게 소개했다. 전문은 ggamnyang.com/1211에서 확인할 수 있다.

홍보를 해도 다들 적극적으로 호응했다. 안 그래도 이야기를 나눌 이용자가 없어 재미없는데 누군가 글을 올리면 반가워서 선심 쓰듯 '좋아요'와 댓글을 하사했기 때문이다. 그런데 지금은 상황이 달라졌다. 페이스북에서 홍보하지 않는 기업이 거의 없다 할 정도로 페이스북은 홍보의 장이 되었다. 이제는 홍보성, 광고성 글이 넘쳐난다. 사람들은 이런 글에 철저히 무관심으로 일관할 뿐이다. 언제부터인가 내가 쓴 홍보 글들도 외면당하기 시작했다. 그렇지 않아도 홍보가 넘쳐나는 판에 나까지 동참해서 그런 글들을 쏟아놓으니 당연히 외면당할 수밖에 없었다. 페이스북에서 쌓아올린 명성이나 영향력이 추락하는 것도 시간문제였다. 대세는 스토리텔링이라는 걸 자연스럽게 절감할 수밖에 없었다.

주목도를 끌어올리는 이야기

그렇다면 구체적으로 뭘 어떻게 해야 하는 것일까? 스토리텔링에서는 말 그대로 이야기가 힘이 된다. 직접적으로 제품이나 서비스를 이야기하지 않으면서 그 제품이 연상되도록 이야기를 만들어야 한다. 특히 상업적 의도가 드러나지 않도록 꾸미는 것이 중요하다.

스토리텔링은 메시지의 상업성을 줄이는 동시에 기업의 이미지 형성에도 영향을 미친다. 페이스북 페이지를 예로 들어보자. 사람들은 페이스북 페이지에 올라오는 정보를 보면서 이건 당연히 기업에서 올리는 상업적인 정보, 즉 광고라 생각하고 일단 경계한다. 그런데 자기 브랜드를 홍보하는 게 아니라 사회공헌과 관련된 정보를 올린다면? 이 기업이 사회공헌에 관심이 많구나 하고 추측할 수 있는 여지를 남기게 될 것이다. 게다가 사회공헌 정보를 올리면서 기업 담당자 혹은 대표가 기업의 사회공헌에 대한 필요성을 역설한다면 당연히 기업 이미지도 좋아질 것이다. 이런 과정에는 기업이나 브랜드와 관련된 어떤 정보도 담겨 있지 않지만 일정 부분 기업의 이미지를 향상시킬 수 있다.

자신이 아닌 제3자의 이야기를 통해서 자기를 부각시킬 수도 있다. 자기와는 전혀 상관이 없지만 사회적인 부조리를 이야기하면서 목소리를 높인다면 이 기업은 절대 그런 부조리를 저지르지 않을 것이라는 이미지를 심어줄 수 있다. 사람이 먹는 음식으로 장난치는 업체가 경찰에 적발되었다는 뉴스 기사가 이슈가 되고 있다면, 그와

관련된 제3의 이야기를 잠시 빌려와 활용할 수도 있다.

메시지를 자연스럽게 전달하기 위해 고객이나 지인, 혹은 유명인을 활용하는 것도 괜찮다. 제품에 대해 사람들과 나눈 대화 내용을 인용해서 제품의 장점을 홍보하는 것이다. 대화 상대의 인지도가 높을 경우 홍보 효과는 더 커진다. 꼭 대화가 아니더라도 제품과 연결되는 내용이 있다면 이를 메시지에 적절히 활용할 수 있다. 예를 들어 '많은 고객님이 제품의 안전성을 문의하시는데, 저희 제품은 정부에서 인증을 받았기 때문에 안심하고 사용하셔도 됩니다'라는 글을 올렸다고 가정해보자. 실제로도 문의가 많은지는 알 수 없지만, 이 글을 본 사람들은 이 제품에 관심을 갖는 사람들이 많다고 생각할 수 있다. 그리고 이런 반응은 실제 주문으로까지 연결될 수 있다.

스토리텔링의 백미는 뭐니 뭐니 해도 동영상, 이미지 혹은 재미있는 웹툰처럼 낧은 사람과 함께 즐길 수 있는 콘텐츠를 만느는 것이다. 요즘에는 기업이나 정부기관에서 웹툰을 홍보에 활용하는 경우가 많다. 인포그래픽과 같이 정보와 그림 혹은 도형을 결합한 이미지를 제작해서 공개하기도 한다. 이러한 디지털 콘텐츠를 활용하게 되면 직접적으로 제품이나 서비스, 브랜드에 대해 이야기하지 않아도 기업이 원하는 목표를 충분히 달성할 수 있다.

어떤 의도로 스토리텔링을 하건 간에 기업은 항상 그것을 받아들이는 소비자가 어떻게 받아들일지를 연구해야 한다. 스토리텔링이 어려운 것은 기업의 관점에서 생각하는 데 익숙하여 고객의 관점으로 생각하지 못하기 때문이다. 야심차게 준비한 콘텐츠가 외면당하는 일이 비일비재한 반면, 별생각 없이 올린 콘텐츠가 대박을 치는 사례만 봐도 그렇다.

기업은 제품에 대해 전달하고자 하는 메시지를 우회하는 화법과 유연한 문체로 표현하되, 결국은 의도한 메시지를 고객들이 스스로 찾아낼 수 있도록 흥미롭게 만들어야 한다. 이때 스토리텔링은 고객을 끌어당기는 힘을 더해주는 중대한 역할을 한다.

스토리텔링의 전략

개인이나 기업 모두에게 스토리텔링은 어렵다. 특히 자연스러운 것이 아닌 의도적인 스토리텔링은 더더욱 어렵다. 스토리텔링에 정답은 없지만 몇 가지 규칙은 있다. 개인이나 기업이 쉽게 적용해볼 만한 스토리텔링 전략에 대해 알아보자.

비율을 적절히 조절하라

우선 자신이 전달하고자 하는 메시지와 그 메시지로 유도하기 위해 만들어낸 이야기 사이의 비율을 적절히 조절해야 한다. 최신 트렌드와 인사이트에 대한 이야기가 90퍼센트라면, 원래 의도했던 메시지는 10퍼센트 분량 정도로 소개하는 것이다. 단순히 분량을 조절하는 것이 무슨 의미인가 싶겠지만, 이로써 읽는 이들이 유익한 정보를 얻어가도록 하는 동시에 홍보 메시지까지도 거부감 없이 전달하는 효과를 얻을 수 있다.

비교해볼 수 있는 정보를 함께 제공하라

홍보하려는 아이템과 유사하면서도 다른 정보를 소개함으로써 궁금증을 유발하는 방법도 있다. 홍보 아이템과 같은 분야에 속한 다른 아이템을 객관적으로 비교하면서 보여주면 정보에 대한 사람들의 신뢰감이 쌓이는 효과도 얻을 수 있다. 예를 들어 해외에서 반응이 좋았던 소셜미디어 관련 컨퍼런스 사례와 컨퍼런스에서 소개되었던 정보들을 소개한다고 해보자. 이런 컨퍼런스 정보와 내가 주최하는 컨퍼런스를 비교하면 사람들은 자연스럽게 흥미를 느끼고 궁금해하게 된다. 해외 컨퍼런스 정보뿐만 아니라 내가 주최하는 컨퍼런스와의 유사점, 차별점이 무엇인지 이야기함으로써 자연스럽게 홍보로 이어지는 것이다.

적절한 은유와 비유를 통한 간접적인 홍보가 필요하다

직선적인 메시지로는 더 이상 많은 사람들의 호응을 얻기 힘들다. 자신이 의도한 메시지를 우회해서 전하는 방법을 터득해야 한다. 한 가지 예로 방문자가 폭주해서 서버가 다운되어 사용자들이 서버를 증설해야 한다며 불만을 토로했다고 치자. 이 메시지를 본 사람들은 사이트가 많이 성장하고 인기도 많이 얻었다고 생각할 수 있다. 이런 과정을 통해 사이트로 더 많은 방문을 유도할 수도 있고 다른 신규 비즈니스로 연결될 수도 있다. 또한 블로그에 올라온 책 서평을 소개하면서 서평을 작성한 사람에게 감사의 인사를 전달하면 홍보 냄새는 최소화하면서 책을 홍보할 수 있다. 그러나 간접적인 홍보가 지나치면 만성적으로 받아들이게 되어 효과가 떨어지니 주의해야 한다.

시각을 자극하는 콘텐츠를 활용하라

멀티미디어 콘텐츠를 활용하면 주목도를 높이고 고객을 설득하는 데 도움이 된다. 사실 텍스트만으로 스토리텔링을 해서 큰 효과를 얻기에는 한계가 있다. 내가 블로그에 글을 쓰면서도 어떻게든 관련 이미지나 동영상을 넣기 위해 노력하는 이유도 여기에 있다. 하지만 멀티미디어 콘텐츠는 텍스트에 비해 기획 능력과 제작 기술도 필요하고 비용도 들기 때문에 1인 기업이나 소기업에게는 효과적이지도 않을 수도 있다.

스트롱 타이와 위크 타이

● ● ●

사회학이나 소셜네트워크에 대해 관심이 있는 사람이라면 '스트롱 타이strong tie'나 '위크 타이weak tie'에 대해 한 번쯤 들어봤을 것이다. 사람 사이의 관계를 친밀도에 따라 나눈 개념으로 스트롱 타이는 가족이나 친척, 오프라인 친구와 같이 친밀도가 높은 관계를 의미한다. 반면 위크 타이는 페이스북, 트위터 친구, 카페 회원과 같이 온라인에서 주로 만나기 때문에 오프라인보다는 친밀도가 낮은 관계를 의미한다.

그런데 요즘은 확실히 스트롱 타이보다 위크 타이가 우리의 삶에 더 큰 영향을 미칠 수도 있다는 사실을 인정하고 받아들이는 분위기인 듯하다. 왜일까? 사실 우리가 친하고 가깝다고 생각하는 사람들은 현실적인 측면에서 큰 도움을 주기 어렵다. 스트롱 타이는 서로에 대해 너무 잘 알고 있어서 오히려 경제적이나 사회적인 도움을 주고받기에 적합하지 않을 수 있다. 서로의 단점을 잘 알고 있기도 하지만 무언가에 대해 도움을 요청하기가 부담스러울 수 있기 때문이다. 더군다나 자존심이 강한 사람은 이런 도움을 청하기조차 힘들 수 있다.

위크 타이는 어떨까? 사실 온라인상에서 아무리 대화를 많이 한들 그 사람에 대해 제대로 알 수는 없다. 특히 한국 사회에서는 직접 만나서 밥도 먹고 술도 한잔해야 친한 사이라고 생각하기 때문에 대체로 온라인상의 친구는 어디까지나 이름과 얼굴 정도만 알고 지내는 사이인 경우가 많다. 그러나 온라인상에서는 누구나 좋은 말만 늘어놓지 남들이 싫어할 소리는 거의 하지 않기 때문에 서로의 좋은 점을 더 보게 된다. 그리하여 위크 타이는 서로에게 좋은 감정을 갖게 되는 편이다. 온라인상에서 누군가 어려움에 처해 도움을 청하면 모두가 발 벗고 나서는 경우도 많지 않은가. 더구나 요즘의 소셜미디어는 위크 타이 그룹을 가장 쉽고 다양하게 생성하는 역할을 하고 있다. 가장 대표적인 트위터 같은 경우, 개인적인 기호를 공유하는 영역을 넘어서 매우 유용한 사회화의 전략으로 사용되는 정도이다.

점점 커지는 위크 타이의 영향력

과연 이제는 스트롱 타이보다 위크 타이가 각광받고 있다. 이렇게 될 수밖에 없는 이유는 위크 타이가 너무 자주 만나지도 않고, 서로를 속속들이 아는 것도 아니며, 단점보다는 장점을 더 많이 보는 관계이기 때문이다. 상황이 이렇다 보니 경제적으로 혹은 사회적으로 도움이 필요할 때는 위크 타이가 스트롱 타이보다 더 편한 경우가 많다. 도움을 청했는데 제대로 도움을 주지 못하면 서로 볼 낯이 없기도 하고 오히려 사이가 어색해질 수도 있는 것이 인간관계의 함정 아닌가.

내세는 회사 대표와 직원으로 인연을 맺었다가 동업과 협업을 거치며 10년 이상 함께했던 지인이 있다. 서울에 올라와 사회생활을 하면서 만난 이들 중 가장 친하고 심리적으로 의지해온 사람이었다. 하지만 지금은 전혀 연락하지 않는 사이가 되었다. 2013년에 공동 추진했던 비즈니스가 좌초되면서 서로에 대한 원망이 쌓였기 때문이다. 가까운 사이는 서로를 잘 알기 때문에 오히려 상대방에 대한 기대감이 크다. 주는 것만큼 받기를 원하고 때로는 주는 것 없이 받기만을 원하기도 한다. '이 정도는 해주겠지', '이 정도면 되겠지' 하는 마음을 갖게 되는 것이다. 오히려 가벼운 관계라면 상대가 원하는 것을 명확히 파악하고 시작할 수 있을 텐데…….

스트롱 타이의 경우에는 도움을 주고 대가를 바라는 경우가 많지만 위크 타이는 도움을 주더라도 대가를 받고 싶어 하는 사람이 많지 않다. 그냥 도와줘서 기쁜 정도다. 오히려 도와주고 싶어서 발 벗고 나서는 경우도 많다. 도와주고 별다른 보상이 없더라도 고맙다는 말 한마디만 들으면 입가에 엷은 미소가 번진다. 특히 위크 타이로 출발해 스트롱 타이로 발전하게 되면 서로를 존중하는 마음이 크게 작용하여 더욱 깊은 사이로 발전할 수도 있다.

페이스북에서는 자신이 직접 생산한 농산물을 파는 사람들이 의외로 많다. 이들은 페이스북을 통해 농사 과정을 지속적으로 공유하면서 사람들의 관심과 신뢰를 얻는다. 이렇게 쌓인 신뢰는 농산물 판매까지 이어진다. 그런데 페이스북을 통해 농산물을 구매하는 대부분의 고객들은 스트롱 타이가 아니라 위크 타이다. 스트롱 타이는 그 수가 많지도 않을뿐더러 실질적인 도움으로 연결되기 어렵지만, 넓은 의미에서 불특정 다수라 할 수 있는 위크 타이는 오히려 큰 도움을 줄 수도 있다.

개미 투자자에게서 투자를 받거나 돈을 빌리는 행위인 크라우드 펀딩crowd funding도 위크 타이가 통하는 모델이다. 가벼운 관계 혹은 전혀 관계가 없는 사람들이 십시일반으로 돈을 모아 투자하기 때문에 리스크도 적고 부담도 줄어든다. 투자자로서는 큰돈을 투자하는 것이 아니기 때문에 금액에 대한 부담도 적고, 손실에 대한 불안이 크지 않다. 투자를 받는 쪽은 투자자와 밀접한 관계가 아닌 만큼 경영에 대한 간섭을 받을 염려가 적다.

위크 타이는 바로 이런 것이다. 온라인상의 관계가 다양화되면서 이제는 그 관계를 어떻게 만들어가느냐 역시 중요한 화두가 되고 있다. 스마트 소셜 시대를 살아가는 우리에게 던져진 제법 중요한 숙제라 하지 않을 수 없다.

소셜마케팅에는 끝이 없다

· · ·

소셜마케팅의 실체가 궁금해 책도 사보고 세미나며 컨퍼런스를 기웃거리던 시절이 있었다. 늘 작은 힌트라도 얻기 위해 안달이 날 만큼 간절했다. 뭔가 새로운 바람이 불어오고 있다는 것이 느껴졌다. 그 실체가 명확하지는 않지만 거대한 변화의 물결이 밀려오고 있다는 알 수 없는 불안감이 나를 가만히 있지 못하게 했다.

새로운 트렌드가 나타나면 마케팅을 하는 사람들은 그것을 필사적으로 연구할 필요가 있다. 그렇게 하지 않으면 시대에 도태되기 십상이다. 물론 트렌드를 좇는 것이 항상 옳은 것은 아니지만 다음에는 무엇이 메가트렌드로 등장할지는 항상 예의주시해야 한다.

세상 사람들의 이목을 집중시켰던 소셜마케팅도 더 이상 새롭지는 않다. 이제는 온전히 일상의 일부가 되었기 때문이다. 지금은 소셜마케팅의 실체에 대한 답이 어느 정도 나온 상태이며, 어떻게 효과를 더 높일 수 있을지에 대한 연구가 계속되고 있다. 이제 '소셜마케팅이 무엇인가?'가 아니라, '어떻게 하면 더 큰 성과를 낼 수 있을까?'라는 질문을 던져야 한다. '뭐지?(실체)'라는 질문에서 '어떻게 하지?(방법)'로, 그리고 '왜 나만 안 되는 걸까?(연구)'로 관심사가 넘어가는 것이다. '왜 나만 안 되는 걸까?'라는 질문에 도달하면 이때부터 자신과의 싸움이 시작된다. 이런 맥락에서 보면 더 큰 성과를 내기 위해 연구에 연구를 거듭하는 것이 모든 마케터의 숙명이 아닌가 싶다.

Social 5C 전략 수립 프레임

일상이 되었을 만큼 친숙해졌다고 해서 소셜마케팅이 쉽거나 간단한 것은 아니다. 모르는 사람에게 소셜마케팅은 아직도 미지의 세계다. 인터넷과 친하지 않은 사람에게는 더욱더 그렇다. 수많은 중소규모 제조사 사장들이 인터넷 마케팅, 특히 소셜마케팅을 하고 싶어 하지만 마케팅 인력도 없고 방법을 몰라 여전히 발만 동동 구르는 것이 엄연한 현실이다.

아직도 소셜마케팅이 어렵다면 간단하게라도 전체적인 소셜마케팅 전략을 수립해보는 것이 좋다. 대기업은 기본적으로 전략 수립이 전제되어야 시작이 가능하지만 중소기업은 마케팅 전략 자체를 제대로 수립하지 않는 경우가 다반사다. 제대로 된 마케팅 인력도 없거니와 그럴 여유도 없기 때문이다. 구체적인 전략을 수립하고 시도하면 주먹구구식으로 이것저것 손대다가 포기하고 마는 불상사는 면할 수 있다.

어떤 이는 '이렇게 하고 저렇게 하니 효과가 좋았다'라는 말로 우리를 현혹시킨다. 그러나 그대로 따라 했는데도 효과가 나오지 않아 좌절하는 경우가 얼마나 많은가. 이제는 남의 말을 따르기보다 스스로 부딪히면서 하나씩 터득할 차례다. 노하우란 누가 쉽게 가르쳐주는 것이 아니다. 설령 알려준다 해도 곧바로 써먹을 수 있는 것도 아니다.

세계적인 석학들에 의해 연구되고 공식화되어 마케팅원론에서 가르치는 마케팅 전략이 있다. STP전략, SWOT분석, 마케팅믹스 4P전략 등이 대표적이다. 기업은 이처럼 공식화된 툴에 따라 마케팅 전략을 수립한다. 그리고 이런 전략을 통하여 소비자에게 알리고자 하는 상업적 메시지를 효율적으로 전달하여 기업의 목적을 달성하고자 한다. 이에 비해 소셜마케팅은 기업과 소비자가 동등한 입장에서 관계를 형성하고 소통하면서 각자의 목적을 달성한다. 단순히 상업적인 목적보다는 일반 사용자들에게 유용한 지식이나 정보를 제공하여 그들의 욕구를 충족시켜주고 사회적으로 그것을 널리 공유하려 한다. 소셜마케팅은 이를 통해 많은 이들이 지식과 정보의 혜택을 누리게 해야만 효과를 볼 수 있다는 특징을 갖고 있다.

이러한 소셜마케팅의 특징과 프로세스를 분석해보면 소셜마케팅 전략 수립을 위한 다섯 가지 요소를 도출할 수 있다. 이른바 '소셜마케팅믹스 Social 5C' 전략이다. Social 5C로는 'Social Channel(소셜채널)', 'Social Content(소셜 콘텐츠)', 'Social Communication(소셜 커

▼ '소셜마케팅믹스 Social 5C' 전략 수립 프레임을 이용하면 비교적 쉽고 간단하게 마케팅 전략을 수립할 수 있다.

Social Channel	– 기업이 소셜마케팅을 하고자 하는 목적에 가장 적합한 소셜 채널(소셜미디어) 전략 수립 – 블로그, 페이스북, 트위터, 유튜브 등의 소셜미디어 중 메인 채널 및 서브 채널 선정
Social Content	– 소셜 채널을 통해 제공하고자 하는 정보 및 콘텐츠 전략 수립 – 블로그, 페이스북, 트위터, 유튜브 등의 소셜 채널에 어떤 콘텐츠를 어떻게 만들 것인지에 대한 세부 계획 수립
Social Communication	– 소셜 채널 중 메일 채널과 서브 채널을 통해 고객과 소통하기 위한 전략 수립 – 각각의 소셜 채널별로 소통 방식이 다를 수밖에 없으므로 세부적인 커뮤니케이션 가이드라인 작성 – 고객과 소통할 수 있는 이벤트 프로모션 기획 및 진행
Social Confidence	– 소셜 채널을 통해 고객과의 신뢰관계를 구축하기 위한 전략 수립 – 기업에게 최고의 마케터는 기업이나 브랜드를 신뢰하는 고객이기 때문에 고객이 기업을 신뢰할 수 있도록 하는 다양한 마케팅 시도
Social Culture	– 소셜 채널을 통해 새로운 문화를 형성할 수 있는 전략 수립 – 디지털 스토리텔링 및 소셜 캠페인 기획 · 진행을 통해 기업이나 브랜드를 중심으로 한 새로운 문화를 만들어 갈 수 있는 다양한 문화 마케팅 진행

뮤니케이션)', 'Social Confidence(소셜 컨피던스)', 'Social Culture(소셜 컬처)'가 있다. 이와 같은 Social 5C를 믹스해서 우리는 다양한 소셜마케팅 전략을 수립할 수 있다. '소셜마케팅믹스 Social 5C' 전략 수립 프레임을 이용하면 생각보다 쉽고 간단하게 소셜마케팅 전략

을 수립할 수 있다. 지금부터 나와 함께 당신의 소셜마케팅 전략을 수립해보자.

'소셜마케팅믹스 Social 5C' 전략은 나의 첫 책 《소셜 웹 사용설명서》에서 처음으로 소개한 전략 수립 프레임이다. 이미 수많은 강의를 통해 소개되었으며 많은 사람들의 호응을 받아왔다. 원래 《소셜 웹 사용설명서》에서는 소셜마케팅을 통한 기업의 사회공헌 실현을 최종 목표로 보고 'Social Culture' 대신 'Social Contribution(소셜 컨트리뷰션)'으로 구성된 '소셜마케팅믹스 Social 5C' 전략을 소개했었다. 그러나 일반적인 기업에서 사회공헌까지 염두에 두고 마케팅을 하지 않는다는 의견이 제기되어 'Contribution(공헌)'을 'Culture(문화)'로 수정했다. 따라서 'Social Channel', 'Social Content', 'Social Communication', 'Social Confidence', 'Social Culture'는 '소셜마케팅믹스 Social 5C' 전략의 2.0 버전이라 할 수 있다.

Social Channel 전략

소셜마케팅의 목적을 명확히 설정하고, 그 목적을 달성하기에 가장 적합한 소셜 채널을 선정하는 미디어믹스 전략이다. 블로그, 트위터, 페이스북, 싸이월드, 카페, 커뮤니티 사이트 등 고객과 대화할 수 있는 곳이면 어디든지 소셜 채널 혹은 소셜미디어가 될 수 있다. 소셜마케팅의 목적을 명확히 설정했다면 이제는 대화하고자 하는 고객의 타깃층을 설정해야 한다. 그리고 그 타깃층과 대화하기에 가장 적합한 소셜 채널을 선정한다. 딱 하나만 선정할 필요는 없다. 다양한 소셜 채널을 활용하되 효과가 가장 좋은 소셜 채널을 선정하여 메인 채널로 활용하고, 다른 소셜 채널들은 주기적으로 모니터링하면서 관리하는 정도로 하여 미디어믹스 전략을 수립하면 된다. 다시 말해 메인 채널과 서브 채널로 나눠서 소셜 채널 전략을 수립하는 것이다.

제품과 고객, 기업문화, 추구하는 바가 다르기 때문에 기업마다 다른 전략이 나올 수밖에 없다. 기업 입장에서는 소셜마케팅을 시작하면서 수립한 소셜 채널 전략을 끝까지 고수하기보다 지속적으로 효과를 측정하고 고객과 대화하면서 더욱 효과적인 소셜 채널 전략을 수립하는 노력이 필요하다.

Social Content 전략

메인 채널과 서브 채널이 정해졌다면 이제 소셜 채널을 통해 제공하려는 정보 및 콘텐츠에 대한 전략을 수립한다. 소셜 채널마다 콘텐츠의 형식도 다르기 때문에 소셜 채널 전략에 따라 콘텐츠의 형식도 달라진다. 블로그를 메인 채널로 선정했다면 블로그에 적합한 콘텐츠를 제작해야 하고, 트위터를 메인 채널로 선정했다면 트위터에 적합한 콘텐츠를 제작해야 한다. 마찬가지로 페이스북을 메인 채널로 선정했다면 그에 적합한 스토리텔링 콘텐츠를 제작해야 한다.

그리고 기업이 제공하고자 하는 정보나 콘텐츠의 종류가 무엇인지, 텍스트, 사진, 동영상, 웹툰 등 어떤 형식의 콘텐츠를 제작할 것인지, 콘텐츠 업데이트 주기는 어떻게 설정할 것인지, 어떤 이벤트를 주기적으로 제공할 것인지 등 전반적으로 콘텐츠에 대한 명확한 전략을 수립해야 한다.

소셜 콘텐츠 전략이 제대로 수립되지 않으면 소셜마케팅을 실시하면서 소셜 채널에 무엇을 채워 넣어야 할지 우왕좌왕하게 된다. 콘텐츠 업데이트가 제대로 이루어지지 않을 수 있다. 어떻게 보면 소셜 콘텐츠 전략은 소셜마케팅의 핵심이라 할 수 있다. 어떤 콘텐츠를 기획하고 제작하고 제공하느냐가 결국 소셜마케팅 담당자가 가장 많은 시간을 할애하는 부분이기 때문이다. 제공되는 콘텐츠에 따라 기업의 인지도, 호감도, 이미지까지 달라질 수 있기 때문에 항상 많은 노력을 기울여야 한다.

Social Communication 전략

소셜 채널을 통해 고객과 소통하기 위한 전략이다. 소셜 채널 전략에 따라 커뮤니케이션 전략도 천차만별일 수 있다. 페이스북을 메인 채널로 선정하고 블로그와 트위터를 서브 채널로 선정했다면, 페이스북을 통해 고객과 수시로 대화하면서 다양한 이벤트를 제공하는 등 적극적으로 고객과의 소통을 시도한다. 서브 채널은 주기적으로 모니터링하면서 고객의 질문에 답변하는 수준으로 운영할 수 있다.

이 전략에서는 무엇보다 고객의 참여를 끌어낼 수 있는 대화 기술과 이벤트 기획력이 필요하다. 고객의 참여를 끌어내지 못한다면 커뮤니케이션 전략은 실패라고 판단할 수 있기 때문에 항상 이 부분을 신경 써야 한다. 결국 고객의 참여가 소셜마케팅 성과 측정에서 중요하게 생각하는 인게이지먼트를 높이는 힘이 된다.

또한 소셜미디어에서는 무슨 일이 벌어질지 모르기 때문에 주기적인 모니터링이 필요하며 고객과의 대화는 항상 신중히 해야 한다. 기업은 커뮤니케이션에 대한 가이드라인을 반느시 수립하여 직원교육을 실시해야 하며, 수립된 가이드라인 내에서는 자유로운 대화를 최대한 허용해야 한다. 소셜마케팅 담당자도 사람인 만큼 기업 대 사람이 아닌, 사람 대 사람으로 고객을 대해야 자유로운 소통을 할 수 있고 고객의 공감을 끌어낼 수 있다.

Social Confidence 전략

고객과의 신뢰관계를 구축하기 위한 전략이다. 소셜마케팅은 고객과의 대화를 통해 신뢰관계를 구축해나가는 과정이라고 해도 과언이 아니다. 신뢰관계가 구축된 고객은 기업의 제품이나 서비스를 구매할 뿐만 아니라 기업의 입장에서 기업을 대변해줄 수 있는 충성고객이 될 수 있다. 신뢰관계 구축을 위해서는 무엇보다 진정성 있는 태도로 고객을 대하는 노력이 필요하다.

고객의 진솔한 목소리를 가감 없이 전달하려는 노력도 신뢰관계 구축에 필요한 요소다. 기업이나 브랜드를 향한 고객의 쓴소리를 그대로 소개하면서 겸허히 받아들이고 시정하겠다는 의사를 명확히 전달한다면 오히려 고객과의 신뢰관계가 더욱 견고해진다. 델Dell의 '아이디어 스톰IdeaStorm'이나 스타벅스Starbucks의 '마이 스타벅스 아이디어My Starbucks Idea'는 고객의 불만을 감추려 하지 않고 오히려 장려하여 다음 출시될 제품의 개선으로 이어지게 하였다. 그리고 이를 통해 고객과의 신뢰를 더욱 견고하게 쌓았다. 신뢰관계 형성으로 단기적인 매출 향상을 기대하기는 어렵다. 그러나 신뢰를 통해 긍정적인 브랜드 인지도가 형성될 수 있고, 그것이 매출 향상에도 기여하게 됨을 명심해야 한다.

Social Culture 전략

소셜 채널을 통해 기업이나 브랜드를 중심으로 한 새로운 문화를 형성할 수 있는 전략이다. 기업이나 브랜드의 스토리가 가미된 동영상이나 웹툰과 같은 디지털 콘텐츠를 통해 새로운 문화를 만드는 것이다. 또한 오프라인과 소셜미디어상에서 고객과 함께 만들어나가는 소셜 캠페인을 기획하고 진행함으로써 기업이나 브랜드가 추구하는 문화와 메시지를 전달할 수 있다.

나이키는 'Just do it(일단 해보는 거야)'이라는 슬로건을 통해 끊임없이 도전하라는 메시지를 전파했다. 이 슬로건에는 어느 시대에도 끊임없이 도전하고자 하는 용기 있는 나이키 정신이 담겨 있다. 고객들이 스스로 뭔가를 성취해보라고 독려한 나이키 브랜드에 개인적인 친밀감을 느끼기에 충분해 보인다.

물론 작은 기업에서 나이키의 사례처럼 대중적인 문화를 만들어내는 것은 매우 힘들다. 하지만 작게나마 문화를 만들어가려는 노력은 어느 기업에게나 필요하다. 가령 곡물 발효 효소 제품을 만드는 기업이라면 매일 아침 발효 효소를 먹는 문화를 만드는 것도 가능하다.

기부나 공익사업 등 기업의 사회공헌 활동도 기업 문화로 승화되기 충분하다. 기업의 이익을 고객 혹은 사회에 환원함으로써 모두가 잘 살 수 있는 사회를 만드는 데 기여하다 보면 그게 바로 문화가 된다.

소셜미디어는 문화 마케팅에 최적화된 미디어다. 문화를 불특정 다수에게 매스미디어로 전달하면 진정성을 전달하기가 힘들지만, 관계를 기반으로 한 소셜미디어를 통해 전달하면 진정성을 전달하기가 비교적 쉽다. 특히 일방적인 전달이 아닌 고객의 참여를 끌어내고 고객과 함께 만들어가는 캠페인을 진행할 수 있기 때문에 그 과정 자체가 새로운 문화가 될 수 있다.

하나의 마케팅 프로그램이 끝났다고 해서 소셜마케팅이 끝나는 것은 아니다. 소셜마케팅에는 끝이 없다. 소셜마케팅은 기업이 고객, 더 나아가 사회와 소통하기 위한 커뮤니케이션 채널이자 그 과정 자체이기 때문이다.

지금까지 '소셜마케팅믹스 Social 5C' 전략을 기업의 관점에서 소개했다. 개인이나 1인 기업 혹은 중소기업이라면 자신들의 상황에 맞춰서 전략을 수립할 수 있을 것이다. 모든 5C 전략을 수립하기가 힘들다면 기본적으로 'Social Channel', 'Social Content', 'Social Communication' 전략만 수립해도 좋다. 세 가지만 수립해도 단기적인 소셜마케팅 전략으로 손색이 없을 것이다. 또한 이 전략은 기업들이 전략을 쉽게 수립할 수 있도록 제공되는 것이기 때문에 기업의 상황에 맞춰 자유롭게 수정하면서 진행하면 된다.

- 마케팅으로 사람들에게 당신의 아이템을 알리기 전에 내가 가진 자원을 마케팅이나 홍보에 집중할 것인지, 마케팅을 다른 사람에게 맡기고 다른 일에 집중하는 게 더 생산적인지를 잘 판단해야 한다.

- 소셜의 핵심은 '사람', '관계', '진정성'이다. 내가 진정성을 갖고 상대방에게 다가간다면 상대방도 나의 제품과 서비스에 진정성을 느낄 것이다.

- 소셜마케팅의 핵심은 어떻게 하면 더 많은 입소문을 온라인에 낼 수 있을 것인가이다.

- 다양한 홍보 사례를 통해 인사이트를 얻어라. 그러나 사례에만 지나치게 의존해서는 안 된다. 이를 당신의 아이템에 적절히 접목해야 좀 더 쉽고 유연하게 자기만의 소셜마케팅 전략을 수립할 수 있다.

- 페이스북 프로필과 페이지를 활용하여 고객에게 접근하라. 고객과의 친밀도, '인게이지먼트'를 높이는 동시에 진정성을 선보이는 계기가 될 것이다.

- 중소규모 기업에게도 기업 블로그 운영은 어렵지 않다. 적절한 자원 활용과 내부 직원 간의 협력을 통해 조금씩 시작하면 된다.

- 고객들은 상업적 메시지에 냉정하다. '스토리텔링'을 이용하여 고객에게 다가갈 수 있는 재미있고 알찬 이야기를 만들어야 한다.

- 오프라인에서 가까운 사람들보다 온라인에서 만나 별로 친하지 않은 사람들이 우리의 삶에 점점 더 큰 영향을 미치고 있다. 온라인상의 관계가 다양화되면서 이제는 그들과의 관계를 어떻게 만들 것인가가 중요한 화두가 되고 있다.

- 'Social 5C 전략'을 활용하면 자신의 기업에 해당하는 전략 프레임 수립이 가능하다. 실전에서 마케팅을 시작하기에 앞서 나의 기업에 맞는 큰 틀을 세워보자.

비즈니스에서 영업은 생명이다. 내가 고전했던 이유도 돌이켜보면 영업이 잘 되지 않았기 때문이다. 비즈니스는 수익을 만들어줄 만한 고객을 끊임없이 찾아다니는 일이다. 이렇게 끊임없이 고객을 만들어야 사업체가 유지되기 때문에 영업이 매우 중요할 수밖에 없다. 이는 매우 어려운 일이기도 하다. 영업이 쉬웠다면 이 세상에서 망하는 기업은 없었을지도 모른다. 영업을 마케팅과 비슷한 개념으로 이해하는 사람들이 더러 있기는 하지만 영업은 마케팅과 많이 다르다. 특히 영업에서는 사람과의 관계가 무엇보다 중요하다. 그렇기 때문에 사교적인 사람이 영업에 유리할 수밖에 없다.

나는 인맥이 넓지도 않고 사교적이지도 않아서 영업에 약하다는 한계를 갖고 있다. 그나마 스마트 소셜 시대를 살고 있으니 다행이다. 소셜미디어를 통해 이러한 한계를 극복하고 있으니 말이다. 어렵지 않다. 다만 끈기와 노력이 필요할 뿐이다. 이제 스마트 소셜 시대에 걸맞게 영업하는 방법에 대해 알아보자.

제4부

세일즈

영업이 안 되면 비즈니스를 할 수 없다

스마트한 세상에서
세일즈하는 방법

● ● ●

소셜미디어가 만능은 아니다. 블로그, 페이스북, 트위터 또한 하나의 수단에 불과하다. 소셜미디어를 이용하기만 하면 무엇이든 이룰 수 있으리라는 환상은 버리는 것이 좋다. 소셜마케팅을 다룬 책들의 자극적인 제목들을 보고 있노라면 한숨이 절로 나온다. 소셜미디어로 뭐든지 손쉽게 해낼 수 있을 것 같은 인상을 주는 것들이 부지기수다.

그러나 소셜미디어로 좋은 성과를 내려면 많은 고민을 하고, 많은 시간을 투자하고, 적극적으로 실행에 옮겨야 한다. 잔머리로 몇 번의 성공은 거둘 수 있을지 몰라도 그 성과를 오래 유지하기는 힘들다. 실제로 소셜미디어의 진정성을 살릴 수 있는 독창적인 아이디어를 내기 위해 마케터들은 지금도 밤낮으로 고민에 고민을 거듭하고 있다.

이제 소셜미디어에 접근하는 관점을 조금만 바꿔보자. 소셜미디어가 단순히 마케팅의 대상이 아니라 나를 드러내고 사람들과 사귀며 세상을 살아가는 곳이라고 말이다. 한마디로 소셜미디어는 나름의 '처세술'을 펼치기 위한 최고의 광장이 되기도 한다. 영업도 얼마든지 가능하다. 특히 당신이 비즈니스를 해나가는 데 있어 꼭 필요한 사람과도 긴밀한 관계를 만들어갈 수 있다.

다른 사람들은 무슨 이야기를 할까?

인간人間은 기본적으로 다른 사람들과 어울리며 살아가는 존재다. 나 같은 경우는 하루 종일 한마디도 하지 않고 글만 쓰며 앉아 있으면 입이 근질거려 미칠 지경이다. 쉬는 시간에 커피 한잔하면서 창밖을 보고 있자면 세상과 동떨어져 있는 내가 싫어지기도 한다. 결국 어떻게든 말 한마디라도 해볼 요량으로 지인들에게 전화를 돌릴 때도 있다. 역시 사람은 상호작용이 필요하다. 혼자서는 아무리 머릿속으로 상상의 나래를 펼치더라도 한계가 있다. 그래서 외부 자극이 필요한지도 모르겠다.

우리는 물리적인 세계를 살아가고 있다. 실제로 우리가 살고 있는 지구라는 세상, 손에 잡히는 세상 말이다. 이를 온라인 세계와 구분하기 위해 오프라인이라고 하기도 한다. 오프라인 세계에는 집이 있고 학교가 있고 직장이 있고 동네가 있다. 이 안에서 지연, 학연으로 얽혀진 지인과의 관계가 우리 삶의 거의 대부분을 차지한다. 그런데 오프라인에 존재하는 관계의 영역은 쉽게 바뀌지 않으며 이로부터 벗어나기도 쉽지 않다. 슬픈 이야기일지도 모르지만 이미 어느 정도는 그 영역이 정해져 있다고 봐야 한다.

그런데 온라인이 등장하면서 상황이 많이 바뀌었다. 온라인이라는 가상의 세계가 우리가 살고 있는 현실의 세계를 야금야금 집어삼키고 있는지도 모른다. 거기다 온라인상에서 사람과 사람을 연결시켜주는 소셜미디어라는 녀석이 세상에 모습을 드러내면서 상황은 더욱 급격하게 변화하였다. 하루 종일 말 한마디 안 하더라도 소셜미디어에서 대화를 주고받을 수 있다면 버틸 수 있다는 사람이 드물지 않다. 이제 소셜미디어는 단순히 사람과 사람을 연결시켜주는 서비스가 아니라 그 안에서 사람들이 살아가는 가상의 세계, 제2의 세상이 된 것이다.

이제 우리는 소셜미디어에서 살아가는 방법을 능동적으로 배워야 한다. 아니, 배우지 않아도 우리는 이미 알고 있다. 소셜미디어를 사용하다 보면 그 방법을 자연스럽게 터득하게 된다. 이런저런 책에서 알려주는 방법들을 힘들여 배울 것도 없다.

대신 자기 이야기만 하지 말고 다른 사람들은 어떻게 활동하는지, 무슨 이야기를 하는지 유심히 살펴봐야 한다. 우리가 성장하면서 세상을 살아가는 방법을 배울 때처럼 말이다. 세상 사는 방법을 터득하는 과정이 그렇다. 누군가로부터 사는 법을 배우는 것이 아니라 다른 사람들이 살아가는 모습을 보면서 자연스럽게 깨닫게 되는 것이 아닌가.

이제 소셜미디어로 자신을 세상에 드러내보자. 그리고 그 세상에 어우러져 살아가보자. 분명 당신에게 필요하고 도움이 되는 사람을 만날 수 있을 것이다. 생각보다 재미있고 잘만 하면 수익을 창출할 수도 있다.

소셜미디어에서 키워낸 영업력

● ● ●

비즈니스의 세계에서는 기회를 잡는 자가 승리한다. 그런데 기회라는 녀석은 참으로 예기치 않게 찾아왔다가 홀연히 사라진다. 기회가 사라지고 난 후에 '내가 무슨 짓을 한 거야' 하면서 후회해도 소용이 없다.

기업을 운영하기 위해서는 어쨌든 돈을 벌어야 하기 때문에 영업 능력이 필수적이다. 영업이 안 되면 비즈니스를 하기 쉽지 않다. 나도 영업력은 매우 부족했다. 매번 고전하고 제대로 해내기 위해 분투하는 분야이기도 했다. 나의 소심한 성격을 탓하기도 했지만 어떻게 해야 잘할 수 있을지는 언제나 막막하기만 했다. 지금도 예전의 나처럼 이런 고민을 하고 있는 이들이 있을 것이다. 자, 어떻게 할 것인가.

영업은 스스로 돕는 자를 돕는다

비즈니스 기회를 잘 찾지 못하거나 영업이 제대로 되지 않아 고민이라면 스마트 소셜 시대에 걸맞게 소셜미디어를 이용하여 답을 찾아보라고 조언하고 싶다. 알고 보면 소셜미디어 속에 많은 기회가 있다.

가만히 있으면 비즈니스 파트너는 절대 생기지 않는다

블로그와이드에서 체험단 비즈니스를 진행할 때 나는 함께할 파트너가 필요했다. 그래서 회사 블로그와 페이스북에 체험단 비즈니스를 함께 할 수 있는 파트너를 찾는다는 글을 포스팅했다. 그랬더니 의외로 많은 사람들로부터 제안을 받았다. 그중에는 온라인 카페에서 체험단을 모집하는 사업자도 있었고 모 식품협회 마케팅 담당자도 있었다. 이를 계기로 카페 운영자와는 블로그와이드와 카페에서 동시에 체험단을 모집하고 운영하는 방식으로 협업하게 됐다. 또 대구에 위치한 모 식품 관련 협회와는 체험단 관련 프로젝트를 진행 중이다. 덤으로 체험단 마케팅 관련 신규 계약도 따냈다. 신제품 출시를 앞두고 있는 중소 제조사 대표가 페이스북 메시지로 직접 연락을 해온 것이다. 페이스북을 통해 창출한 새로운 비즈니스 기회였다. 이로써 소셜미디어를 활용한 마케팅에 대해 새롭게 눈을 뜨게 되었다.

사실 체험단과 블로그 등 소셜미디어를 활용한 마케팅은 몰라서

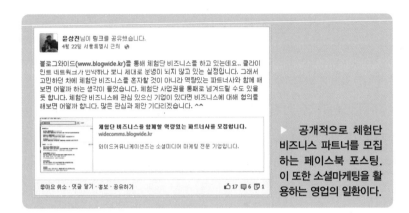

▶ 공개적으로 체험단 비즈니스 파트너를 모집하는 페이스북 포스팅. 이 또한 소셜마케팅을 활용하는 영업의 일환이다.

못하는 경우가 허다하다. 생각보다 많은 사람들이 마케팅을 제대로 알지 못한다. 이런 사람들에게 내가 올리는 홍보 포스팅은 단순한 광고가 아니라 세상 그 어느 것보다 값진 정보가 된다. 광고가 정보로 작용하여 영업의 기회를 창출하는 것이다.

소셜미디어의 네트워크를 접점으로 삼아라

신제품을 출시한 회사 담당자들은 페이스북에 제품 관련 정보를 올리곤 한다. 이럴 때 나는 그냥 지나치지 않고 블로그와이드를 간략하게 소개하면서 체험단 진행이 가능한지 문의해본다. 회사 대표라면 바로 승낙하기도 하고 담당자라면 내부 결재 과정을 거쳐 체험단을 진행하기도 한다. 내가 숱하게 경험했던 실제 사례이기도 하다. 지금도 페이스북에서는 무수히 많은 거래가 진행되고 있을 것이다.

강의 섭외도 블로그나 페이스북을 통해 많이 들어온다. 물론 블로그에 전화번호나 이메일 주소가 공개되어 있지만 페이스북 메시지가 가장 편하다. 페이스북 친구이다 보니 편하게 대화하면서 강의 가능 여부를 타진할 수 있다. 나는 강사를 섭외할 때에도 페이스북을 자주 이용한다. 친한 사이가 아닌 경우에는 전화 통화가 상대에게 부담이 될 수도 있고, 프로필을 통해 자연스럽게 나에 대한 정보를 제공할 수도 있기 때문이다. 무엇보다 페이스북에서는 전화번호나 이메일 주소를 몰라도 채팅이나 메시지 등을 이용해 연락을 취할 수 있는 장점이 있다.

《그루폰 스토리》(2010, e비즈북스)를 한참 쓰고 있을 때의 일이다. 신문 기사 등의 자료를 취합하여 책을 쓰고 있는 와중에 그루폰 국내 법인인 '그루폰코리아'가 설립되었다. 이참에 신문 기사에만 의존하여 책을 쓸 것이 아니라 대표를 직접 인터뷰한 내용을 실으면 좋겠다는 생각이 들었다. 그루폰코리아에 직접 연락을 취해봤으나 홍보팀과 통화하기가 쉽지 않았다. 그래서 페이스북에 그루폰코리아 직원이 있는지 수소문했다. 힘들 것도 없었다. 그저 내 페이스북 프로필에 그루폰코리아 직원이 있는지 물어봤을 뿐이다. 그랬더니 페이스북 친구들이 그루폰코리아 직원인 친구를 알려줬고, 그 친구를 통해 나는 홍보팀과 연락이 닿았다. 이렇게 해서 그루폰코리아 하동구 부사장과의 인터뷰를 성사시킬 수 있었다.

유유상종의 장점을 이용하라

페이스북 그룹이나 카페와 같이 관심사가 비슷한 사람들이 모여

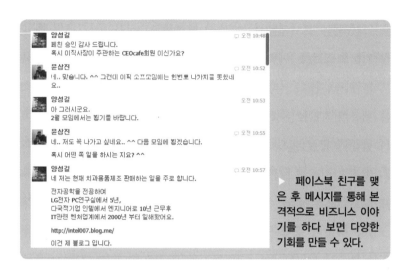

양성길
페친 승인 감사 드립니다.
혹시 이직사장이 주관하는 CEOcafe회원 이신가요?   오전 10:48

윤삼진
네.. 맞습니다. ^^ 그런데 아직 오프모임에는 한번도 나가지를 못했네
요..   오전 10:52

양성길
아 그러시군요.
2월 모임에서는 뵙기를 바랍니다.   오전 10:53

윤삼진
네.. 저도 꼭 나가고 싶네요.. ^^ 다음 모임에 뵙겠습니다.   오전 10:55

혹시 어떤 쪽 일을 하시는 지요? ^^

양성길
네 저는 현재 치과용품제조 판매하는 일을 주로 합니다.   오전 10:57

전자공학을 전공하며
LG전자 PC연구실에서 5년,
다국적기업 인텔에서 엔지니어로 10년 근무후
IT관련 벤처업계에서 2000년 부터 일해왔어요.
http://intel007.blog.me/
이건 제 블로그 입니다.

▶ 페이스북 친구를 맺은 후 메시지를 통해 본격적으로 비즈니스 이야기를 하다 보면 다양한 기회를 만들 수 있다.

있는 곳에서는 비즈니스 기회를 잡기가 훨씬 수월하다. 나의 경우 체험단을 운영하다 보니 많은 신제품을 접하게 되고 유통까지도 관여할 기회가 생겼다. 유통 쪽으로는 인맥이 거의 없었기 때문에 난 감했던 나는 유통 관련 그룹이나 카페에 제품 정보를 올려놓고 거래처를 공개 수배했다. 아주 간단하게 몇 글자 적었을 뿐인데 몇몇 업체에서 연락이 와서 대기업 폐쇄몰이나 복지몰에 입점하기도 했다.

기업에서 운영하는 페이스북 페이지에 메시지를 보내봐도 좋다. 페이스북 페이지에 메시지를 보내면 페이지 운영 담당자가 보기 때문에 직접 제안할 수 있다. 나 또한 이렇게 해서 제안을 하기도, 받아보기도 했다. 체험단 진행이 가능한 제품을 찾아서 페이스북 페이지를 통해 메시지를 보내놓으면 담당자나 회사 대표가 직접 연락을 주기도 한다. 나는 이런 방식으로 인맥도 넓히고 체험단을 진행하기도 했다. 페이스북에는 수많은 기업들이 페이지를 열어놓고 마케팅하고 있다. 이들 또한 비즈니스 타깃이 될 수 있다는 점을 기억하자.

친구 신청이 들어와서 친구 관계를 맺게 되면 우선 메시지를 통해 대화를 나눠보는 것이 좋다. 대화를 통해서 다양한 비즈니스 기회를 만들기 위한 정보를 얻을 수 있기 때문이다. 친구 신청은 왜 했는지, 어떤 회사에 다니는지, 무슨 일을 하는지 등에 대해 이런저런 이야기를 하다 보면 공통분모를 발견할 수 있고 함께할 수 있는 일을 찾을 수 있다. 상대 역시 서로 원원할 수 있는 일이라면 마다하지 않을 것이다.

직접적으로 도움을 청하는 것도 비즈니스를 창출하는 방법이다

소셜미디어상에서 친구들에게 대놓고 도움을 청해보라. 내가 이런저런 일을 할 수 있다고, 이런 인력이 필요하면 연락을 달라고 공개적으로 요청하면 뜻있는 친구들이 응답하는 경우도 제법 많다. 이렇게 반응이 오는 것이 단순히 인맥 관리 때문이라고 단정할 수는 없다. 소셜미디어는 공동선 혹은 공동 이익을 추구하는 경향이 뚜렷하다. 누군가 도움이 필요하다고 하면 너 나 할 것 없이 도움을 주고 싶어 하는 성향이 있다. 이는 앞에서 언급한 바 있던 '위크 타이'의 장점 가운데 하나라 할 수도 있지만, 상대방에게 먼저 도움을 제공하고 자신이 필요할 때 도움을 얻기 위한 상부상조 정신의 발현으로 볼 수도 있다.

비즈니스 기회를 만들어내기 위해 이런 성향을 이용하는 것이 잘못된 일은 아니다. 다만, 내가 절박한 상황에서 소셜미디어상의 친구들에게 도움을 받았던 것처럼 다른 이에게 도움을 주기도 해야 한다는 것을 기억하자. 이런 환경을 이해하고 진정성과 간절함을 담아 자신의 아이템에 대해 홍보하는 것이 스마트 소셜 세상에서 영업의 기본자세라고 할 수 있다.

소셜미디어에서는 무모하게 접근하는 것이 가능하다

소셜미디어를 활용하면 새로운 비즈니스 기회를 찾을 수도 있고 연락에 필요한 접점을 찾기도 훨씬 수월해진다. 예를 들어 기업의 대표나 유명인을 만나려면 까다롭고 복잡한 단계를 거쳐야 하지만 페이스북이나 트위터에서는 곧바로 연락이 가능하다. 누군가와 연락하고 싶다면 페이스북에서 상대방의 프로필을 검색해보고, 만약 있다면 친구 신청과 함께 메시지를 보내면 된다. 그러면 생각보다 쉽고 간단하게 연락이 닿을 수 있다. 박원순 서울시장과도 페이스북을 통하면 쉽게 만날 수 있는 세상이다.

소셜미디어상에서의 관계는 단단하지 않기 때문에 이런저런 제안을 오히려 부담 없이 던질 수 있다. 속된 말로 '아니면 말고'이다. 하지만 대부분의 경우 이런 제안을 그냥 무시하지는 않는다. 온라인상에서는 평판이란 것이 상당히 중요하기 때문이다. 어떤 제안을 했는데 무례하게 대응할 경우에 업체 이미지에 부정적인 영향을 미칠 수 있다. 어떤 업체든지 외부 평가에 대해 걱정하고 민감하게 대응하게 되어 있다. 부정적인 입소문은 생각보다 빠르게, 멀리 퍼져나가기 때문이다.

부정적인 입소문은 오프라인상에서도 비일비재하게 발생한다. 지인들과의 대화를 통해 '어떤 사람이 누군가에게 무례하게 행동했다더라'는 식으로 소문이 퍼지는 경우는 얼마든지 봤을 것이다. 사람들은 페이스북과 같은 소셜네트워크에서도 평판을 중요하게 여기는 만큼 무례하게 대응하지 않으며 상대에 대한 예의를 지키는 편이다. 따라서 전혀 연고 없는 업체라 해도 용기를 내어 접촉해볼 만하다. 전화처럼 기록이 남지 않는 제안보다 오히려 페이스북 메시지가 훨씬 더 강력한 힘을 발휘할 수 있다.

돌이켜보면 인맥이 넓지 못하다는 점이 나에게는 항상 치명적인 약점이었다. 그래서 더욱 소극적으로 일을 처리하는 경우도 종종 있었다. 하지만 소셜미디어를 만나면서 이 모든 것들이 극복되었다. 내가 소셜미디어를 접하지 못했다면 이런 반전은 없었을지 모른다. 당신도 예외는 아니다. 밑져야 본전이다. 좋은 비즈니스 기회를, 새로운 고객을 잡고자 한다면 끈질기게 소셜미디어를 이용한 영업에 도전해야 한다.

합리적이고 자연스럽게
인맥을 구축하는 기술

● ● ●

비즈니스에 필요한 인맥을 넓히기 위해 만들어진 소셜네트워크서비스를 '비즈니스 SNS'라고 한다. 이 서비스에서는 비즈니스적인 목적을 달성하기 위하여 자신의 프로필을 먼저 공개하고 영업 대상을 물색한 다음 친구 관계를 맺을 수 있다. 전 세계적으로는 링크드인 LinkedIn이 가장 많은 가입자를 확보하고 있는 비즈니스 SNS이다. 링크드인이 많이 알려지지 않았던 대한민국에서는 링크나우Linknow라는 비즈니스 SNS가 인기를 얻었다.

하지만 비즈니스 SNS는 생각보다 그리 활성화되지 못했다. 2010년에서 2011년까지는 1인 기업가를 중심으로 꽤 많은 사람이 링크나우에 모여들어 성공하는 것처럼 보이기도 했다. 그러나 페이스북이 큰 인기를 끌면서 사람들이 대거 페이스북으로 이동하게 됨에 따라 지금은 쓸쓸하게 명맥만 유지하고 있는 상태다.

페이스북을 통한 영업 관리

영업에 도움이 되는 소셜네트워크서비스를 이야기하면서 또 페이스북 이야기를 하지 않을 수 없다. 페이스북은 이미 훌륭한 비즈니스 SNS다. 원래는 친목을 목적으로 만들어진 서비스이긴 하나 사용 목적에 따라 다양한 형태로 활용할 수 있다. 지인 간의 친목 도모를 위해, 퍼스널 브랜드를 구축하기 위해, 또는 마케팅 홍보를 위해 활용하기도 한다.

대한민국에서는 페이스북이 친목 도모보다는 비즈니스를 목적으로 먼저 각광받기 시작했다. 국내 사용자가 많지 않던 페이스북 초창기에는 40~50대의 오피니언 리더층에서 먼저 페이스북을 사용했다. 10~20대층은 싸이월드 미니홈피나 블로그에 더 열광하고 있던 시기였다. 어떻게 보면 페이스북은 기존의 웹서비스들과 다른 길을 걸었다고 할 수 있다. 범국민적으로 인기를 얻은 서비스의 경우에는 보통 10~20대에서 폭발적으로 사랑받다가 전 연령층으로 확산되는 양상을 보였는데, 페이스북은 정반대의 길을 걸었기 때문이다.

페이스북은 실명제로 운영되는 서비스이다. 이름, 프로필 사진, 소속, 사는 곳, 취미, 관심사 등의 개인 정보를 선택적으로 공개하도록 되어 있다. 개인 정보 공개 범위를 어떻게 설정하느냐에 따라 달라질 수 있지만, 친구 관계일 경우 상대의 성향을 파악하는 데 페이스북만큼 정확한 곳도 없다.

직장, 학교 등의 소속 정보를 공개할 수 있는 페이스북은 영업하기에도 매우 좋은 공간이다. 영업 대상이 되는 사람과 먼저 친구가 된 이후에 관계를 돈독히 하면서 자연스럽게 영업 제안을 하는 것이 얼마든지 가능하다. 또한 친구가 어떤 기업의 페이지를 좋아하는지를 확인해볼 수 있어 성향을 파악하는 데에도 도움이 된다. 메시지나 채팅을 이용하여 소통하기 때문에 부담이 없고 편하다는 장점도 있다. 또한 기업 대표나 담당자들이 페이스북에 올리는 글을 보면서 회사가 어떤 방향으로 가는지, 어떤 니즈needs가 있는지 손쉽게 파악할 수 있다. 이렇게 되면 좀 더 효과적인 제안을 할 수가 있다. 무엇보다 대표나 담당자와 이미 친한 관계로 발전했다면 일이 성사될 확률은 상당히 높아지게 된다.

이처럼 페이스북이 영업에 있어 더할 나위 없이 좋은 비즈니스 SNS이긴 하지만 온라인상의 만남만으로는 제대로 된 영업을 하기 힘들다. 결국은 사람 대 사람으로 만나야 한다. 특히 우리나라에서는 일단 만나서 얼굴을 보고 이야기를 해야 일이 일사천리로 진행되는 경우가 많다. 지금 페이스북에서도 수많은 모임이 진행되고 있다. 페이스북으로 연결된 오프라인 모임에 참석하면 비즈니스 기회를 얻을 가능성도 커진다.

모임뿐만 아니라 강의에 참석하는 것도 인맥 형성에 도움이 된다. 페이스북 이벤트를 통해 강의를 홍보하여 수강자를 모으기가 쉬워지면서 교육 기관은 말할 것도 없고 개인까지도 자신의 강의를 개설해 수강자를 모집하고 있다. 이런 오프라인 강의에 참석하면 강의가 끝나고 자연스레 비즈니스 교류 시간이 있게 마련이다. 이런 시간을 이용하면 비즈니스 네트워크 형성이 더욱 수월해진다. 각양각색의 사람들이 모여들기 때문에 하는 일이나 회사에 대해 알기만 해도 서로에게 도움이 되는 일들을 만들어나갈 수 있다.

인맥은 영업에서 빼놓을 수 없는 요소이다. 물론 인맥 없이 영업을 잘하는 사람들도 얼마든지 많다. 인맥 중심의 영업을 탈피해야만 진정한 비즈니스맨으로 거듭날 수 있을지도 모른다. 하지만 인맥을 만들고 유지하는 것도 영업 능력의 중요한 일부이다. 소셜네트워크 서비스가 없었을 때는 인맥을 만드는 것이 그리 쉽지 않았다. 지연, 학연이 없으면 더더욱 그랬다. 나 같은 경우도 대학교 졸업 후에야 상경한 터라 별다른 인맥이 없었다. 하지만 페이스북을 통해 모자란 인맥을 넓힐 수 있었다. 이러한 인맥은 후일 영업을 도모하는 데 상당히 큰 도움이 되었다.

자신의 인맥이 좁다고 한탄할 게 아니라 페이스북이나 비즈니스 SNS를 통해 인맥을 넓혀보길 바란다. 소셜네트워크서비스를 제대로 활용하기만 하면 인맥도 넓히고 영업에도 많은 도움을 받을 수 있다.

영업의 성패는
시간 관리가 결정한다

● ● ●

자기 사업을 하기 위해 직장을 그만두고 독립하게 되면 갑자기 자유인이 된 기분이 든다. 나를 구속하던 직장도 없고 눈치 보느라 바빴던 상사도 없다. 기본적으로 내가 꼭 해야 할 일이 주어지는 것도 아니고 누가 일을 지시하지도 않는다. 이제부터는 내가 무슨 일을 할지 스스로 정하기만 하면 된다.

그런데 '이제 시간도 많으니까 내 마음대로 살겠다'라고 생각하면 큰 오산이다. 이런 마인드를 갖고 있다 보면 그 많은 시간이 속절없이 흘러가기 십상이다. 다니던 회사를 그만두고 비즈니스를 시작하게 되면 처음에는 넘쳐나는 시간을 주체할 수 없어 펑펑 쓰게 된다. 나를 옥죄고 있던 무언가에서 해방된 느낌이 들면서 자기 시간을 어떻게 관리해야 할지 감을 잡을 수 없기 때문이다.

직장에서는 기본적으로 내가 해야 할 일이 정해져 있다. 그러나 창업을 하면 해야 할 일을 나 스스로 만들어야 한다. 주어진 일을 충실히 완수하는 데 길들여져 있던 우리는 갑자기 주어진 자유를 만끽하다가 정작 매진해야 할 우리 일을 제대로 시작해보지도 못하는 치명적인 실수를 저지르기도 한다. 치열하게 비즈니스를 해도 살아남을까 말까 한데 이렇게 느슨하게 해서는 안 된다. 무의미하게 쓰는 시간은 나중에 독이 되어 돌아올 수 있다.

특히 영업에서 시간 관리는 거의 모든 것이다. 영업을 하기 위해서는 제반 조건이 잘 갖추어져야 한다. 바쁘게 회사 업무를 처리하다가 '이제 영업해야지'라고 마음먹는다고 금방 할 수 있는 것이 아니다. 영업을 하려면 시간과 마음의 여유가 필요하다. 하지만 1인 기업처럼 대표가 혼자서 많은 일을 처리해야 하는 경우에는 이것이 쉽지 않다. 마음을 다잡고 고객에게 이메일을 보내거나 전화를 하거나, 광고나 홍보를 해야 하는데 내부에서 밀린 업무를 처리하다 보면 영업할 시간이 부족하다. 결국 영업을 제대로 하려면 영업 계획을 스마트하게 세우는 노력이 절대적으로 필요하다.

영업에 필요한 시간을 확보하라

작은 기업일수록 철저한 시간 관리가 생명이다. 시간을 쓰는 데에도 경영 마인드가 필요하다. 일명 '시간 경영'을 해야 한다. 무턱대고 일이 생기는 대로, 생각나는 대로 쓰는 게 아니라 시간을 우선순위에 따라 배분하여 효과적으로 사용하는 것이 중요하다. 별생각 없이 중요하지 않은 일에 몰두해 있다가 정작 중요한 일은 방치해두지 않으려면 내 비즈니스와 연관된 많은 이들과 함께 일하고 있다고 자기 암시를 숨으로써 나태해지거나 뒤처지지 않도록 스스로를 다독여야 한다.

주5일 근무가 일반화되면서 일주일이 너무나 빨리 흘러간다. 한 달이라는 시간도 무척 빨리 지나간다. 이렇게 빨리 흘러가는 일주일, 한 달이라는 시간을 효과적으로 사용하기 위해서는 철저한 시간 계획이 필수다. 특히 매월 첫째 주가 매우 중요하다. 매월 첫째 주를 어영부영 보냈다가는 한 달을 그냥 허비하게 된다. 하지만 매월 첫째 주에 한 달 동안의 계획을 치밀하게 계획해두면 이렇게 빨리 흘러가는 한 달이라는 시간을 잡아서 온전히 내 것으로 만들 수 있다.

아무리 좋은 비즈니스 모델을 갖고 있다 해도 우선 영업을 해야 돈을 벌 수 있고 생계를 이어갈 수 있다. 그러나 1인 기업이나 중소기업처럼 한 사람 혹은 소수의 인원이 여러 가지 역할을 수행해야 하는 상황에서는 오로지 영업에만 집중하기가 쉽지 않다. 워낙 많은 일들을 처리해야 하니 집중이 안 되고 주의가 분산되기 때문이다. 따라서 비즈니스의 원동력인 영업을 제대로 실행하기 위해서는 스마트한 시간 관리가 필수이다.

무엇보다도 스마트한 시간 관리로 내부 업무에서의 시간 손실을 최소화하면서 영업에 필요한 시간을 버는 것이 중요하다. 업무에 집중해서 쌓인 일들을 하나씩 처리해나가면 생각보다 많은 시간이 걸

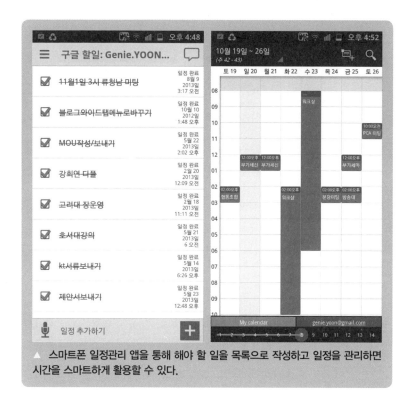

▲ 스마트폰 일정관리 앱을 통해 해야 할 일을 목록으로 작성하고 일정을 관리하면 시간을 스마트하게 활용할 수 있다.

리지 않는 것을 깨닫고 놀랄지도 모른다. 결국 업무 시간에 제대로 집중하지 않고 업무 외적인 일로 시간을 허비하거나 나중에 하자고 미루는 습관이 문제였을 수도 있다. 업무 계획을 세우고 시간을 할당한 후에는 그 일이 마무리될 때까지 다른 일에 방해받아서는 안 된다. 해야 할 일이 불현듯 떠오르더라도 할 일을 적은 목록에 메모 정도만 해놓고 먼저 해야 할 일부터 끝내야 한다. 그래야 좀 더 효율적인 시간 관리가 가능하다.

영업에는 생각보다 많은 시간이 소요된다. 제안서 작성, 업체 연락, 미팅, 협상, 계약 체결 등 여러 프로세스가 녹록지 않을 것이다. 그래서 더욱 체계적인 영업 계획이 필요하다. 가령 매월 첫째 주에는 한 달 간의 영업 계획을 최대한 자세하게 수립하고 미팅 일정도 미리 확정해서 체크해놓아야 한다. 업체 미팅이 잡혀서 외근을 나가면 이동하는 데 두 시간, 미팅 한 시간 등 최소 세 시간은 소요되기 때문에 반나절이 훌쩍 가버린다. 물론 이동 중에 지하철이나 버스 안에서도 일을 할 수는 있겠지만 사무실보다 업무 효율이나 집중력이 상대적으로 떨어진다. 때문에 외근 동선에도 계획이 필요하다. 외근을 나가면 가급적 두세 개 업체 미팅을 하고 복귀할 수 있도록 일정을 조절하자. 이렇게 계획을 세워두면 시간 손실도 최소화된다.

비즈니스, 아니 당장의 수익을 책임지는 영업에서 철저한 시간 관리는 필수이다. 특히 한정된 자원을 이용해 업무 효율을 극대화해야 하는 중소기업에서는 성패가 달린 문제라 할 수 있다. 언제 어디서나 인터넷에 접속하고 업무를 처리할 수 있는 시대가 되면서 시간 관리도 점점 스마트해지고 있다. 스마트 소셜 시대에는 스마트한 시간 관리를 통해 시간 손실을 최대한 줄이고 영업에 더 많은 시간을 집중하는 것이 중요한 화두임을 잊지 말자.

나를 중심으로 한
비즈니스 생태계를 만들어라

● ● ●

인생은 과정도 중요하고 결과도 중요하다. 과정이 잘못되었다면 아무리 돈을 많이 벌고 사회적으로 명성을 쌓는다 해도 성공한 인생이라 할 수 없다. 마음속으로는 항상 양심의 가책을 받게 될지도 모른다. 과정도 좋고 결과도 좋아야 비로소 우리는 성공한 인생이라 부른다.

비즈니스를 하다 보면 쉽게 돈을 벌 수 있다는 유혹이 자주 찾아온다. 하지만 빨리 먹는 밥은 체하는 법. 흔들리지 않고 내가 가고자 하는 방향을 향해 중심을 잃지 않는 것이 무엇보다 중요하다. 이렇게 자신의 분야에서 한눈팔지 않고 정도를 걷는다면 분명 인생으로부터 성공이라는 선물을 받을 수 있을 것이다.

비즈니스의 핵심은 사람이다. 잠시 내 주위를 둘러보자. 비즈니스와 직접적으로 관련은 없지만 알고 지낸 지 오랜 지인들도 있고, 직접 만난 적은 없지만 소셜미디어에서 친한 친구들도 있다. 또한 비즈니스 관계로 각별한 사람들도 있다. 이 사람들은 나에게 애정을 갖고 있는 사람들이다. 이러한 관계는 쉽게 만들어지는 것이 아니다. 오랜 기간 동안 교류하고 교감이 쌓였기에 가능한 일이다. 이 사람들과 함께 무언가를 만들어간다면 못할 일이 무엇이겠는가?

비즈니스 인맥 지도

어떤 일을 하든 나를 중심으로 주위 사람들과의 관계를 돌아보는 과정은 필요하다. 이런 의미에서 비즈니스 인맥 지도를 만들어보는 것은 많은 도움이 된다. 내 사업에 직접적으로 참여해줄 수 있는 사람, 협업할 수 있는 사람, 홍보를 도와줄 수 있는 사람, 당장 함께할 일은 없지만 잠재적으로 도움을 줄 수 있는 사람, 사업에 투자를 해줄 수 있는 사람, 자문을 줄 수 있는 사람, 영업 파트너가 되어줄 수 있는 사람 등으로 구분하고 적극 활용하면 어려운 비즈니스도 슬기롭게 풀어나갈 수 있다. 내가 어떤 일을 하고자 할 때 힘을 보태줄 지원군 리스트를 정리한다고 생각하면 된다.

비즈니스를 하면서 내가 꼭 대표일 필요는 없다. 다른 사람이 대표를 맡고 내가 임원으로 참여할 수도 있다. 이런 상황은 자의적 혹은 타의적으로 빈번하게 발생한다. 이런 상황이 발생한다 해도 대표 자리에 연연해서는 일을 그르칠 수도 있다. 나의 비즈니스를 성공시키기 위해 잠시 희생한다 생각해도 좋을 것이다.

다만 대표는 아니어도 항상 나를 중심으로 비즈니스가 돌아가도록 판을 만들어야 한다. 사실 대표가 바뀌어도 초대 대표 혹은 창업자로서의 지위는 크게 변함이 없기 때문에 일순간에 영향력이 사라지지는 않는다. 물론 내가 경영에서 배제되지 않도록 대비를 해야 하고 회사의 경영 방향이나 흐름을 지속적으로 파악하여 핵심 주류에서 밀리지 않도록 주의할 필요는 있을 것이다.

비즈니스를 함께 하는 파트너사 관리도 필요하다. 단순히 아웃소싱으로 일을 넘겨주는 외주사부터 영업대행사, 광고대행사, 언론 매체, 포털 등과도 좋은 관계를 유지하면서 시너지가 날 수 있도록 해야 한다. 이러한 비즈니스 파트너들과의 관계는 철저히 '기브 앤 테이크'다. 내가 무언가를 줘야 비로소 얻을 수 있으며, 반대로 무언가를 얻었다면 내줄 줄도 알아야 좋은 관계가 유지된다.

이렇게 동원 가능한 비즈니스 파트너들을 나를 중심으로 정리해보면 비즈니스를 하는 데 많은 도움을 받을 수 있을 것이다. 프로젝트를 수주하게 되면 곧바로 필요한 파트너사와 협업할 수 있다. 파트너사 리스트와 함께 견적가, 특이사항 등을 함께 정리하라. 사람은 망각의 동물이어서 이렇게 따로 정리하지 않으면 정작 필요할 때 활용하지 못하고 다른 파트너사를 찾느라 시간을 허비하는 불상사가 발생할 수 있다.

나를 중심으로 형성된 생태계를 통해 간혹은 새로운 관계가 만들어지기도 하고 새로운 비즈니스가 생겨나기도 한다. 내 주위의 사람들이 나로 인해 비즈니스 네트워크로 연결되고 새로운 생태계를 만들어가기도 한다. 주위의 사람들 혹은 파트너사들이 나로 인해 만나서 비즈니스도 하고 협업도 하는 기회를 제공하는 것이다. 나를 매개로 새로운 비즈니스가 창출되는 것은 보기만 해도 보람 있지 않겠는가!

물론 비즈니스가 만들어지고 진행되면서 내가 배제되는 상황이 발생하거나 나보다 더 돈독한 관계로 발전하면 소외감이 들 수도 있다. 그래도 언젠가는 더 큰 일로 성과를 얻으리라 믿고 흔쾌히 응원해주면 어떤가. 그걸로 나의 소임은 다했다 생각하는 것이 좋다. 인생은 길고 비즈니스의 길도 길기 때문에 당장의 일로 일희일비할 필요는 없다.

이렇게 나 자신을 중심으로 하는 비즈니스 생태계를 만들어가다 보면 비즈니스 모델도 점점 탄탄해진다. 영업 또한 마찬가지다. 지금이야 새로운 거래처를 만들기 위해 동분서주하지만 곧 주위 파트너들의 소개만으로도 회사가 돌아갈 수 있을 것이다. 이렇게 탄탄해진 비즈니스 모델과 영업 네트워크는 쉽게 무너지지 않는 지구력을 지닐 것이다. 특히 위기가 닥쳤을 때 많은 도움을 받을 수 있을 것이다.

비즈니스의 핵심은 관계이다. 그 관계를 어떻게 형성하고 유지하고 활용하느냐가 비즈니스 세계에서는 언제나 중요하다. 스마트 소셜 시대에는 특히 그러하다.

- 이제는 소셜미디어로 자신을 세상에 드러내보자. 그리고 그 세상에 동화되어 살아보자.

- 소셜미디어는 오프라인에서는 찾아볼 수 없는 새로운 기회의 장이다. 비즈니스 기회를 잡고자 한다면 소셜미디어에서 끈질기게 도전해야 한다.

- 영업은 인맥이 관건이다. 인맥이 좁다고 한탄할 것이 아니라 페이스북과 같은 비즈니스 SNS를 활용하면 인맥을 넓힐 수 있다. 이로써 만들어진 사회적 관계가 당신의 경쟁력이 될 것이다.

- 나 자신을 중심으로 하는 비즈니스 생태계를 구축하라. 당신의 비즈니스 모델도 점점 탄탄해질 것이다.

1인 기업이 많아지면서 협업의 중요성이 나날이 커지고 있다. 협업하기에 좋은 서비스들이 많이 등장하고 있으며 스마트 기기도 눈부신 발전을 거듭하고 있어, 점점 협업하기 좋은 환경이 조성되고 있다. 하지만 협업을 단순히 프로젝트를 같이 하는 정도로 이해하면 곤란하다. 협업은 결국 사람을 다루는 일이다. 사람을 어떻게 다뤄서 내 사람으로 만들 것인가가 협업의 핵심이다. 일만 같이 하고 돈을 나누는 건 협업이 아니다. 그냥 아웃소싱일 뿐이다. 이제 '스마트하고 소셜하게' 협업하는 방법에 대해 알아볼 차례다. 하나 더하기 하나가 둘이 아닌, 셋이 되고 넷이 되는 협업의 기술에는 어떤 비밀이 숨어 있을까?

제5부

협업

사람을 얻는 협업의 기술

새로운 기회를 만들어주는
협업 이야기

● ● ●

사업을 하다 보면 사람이 필요해진다. 아무리 인터넷이 발달하고 스마트한 기기들이 등장하고 있다 해도 어차피 일은 사람이 해야 한다. 웹사이트 구축 프로젝트를 수주했는데 정작 웹 개발자가 없다면 프로젝트를 수행할 수 없지 않은가?

그러나 사람이 필요하다고 해서 무턱대고 직원을 뽑을 수는 없다. 필요한 일이 끝나고 나면 새로 뽑은 직원에게 새로운 일을 줘야 하는데 그런 일이 항상 생기지는 않기 때문이다. 직원을 뽑을 수 없다면 결국은 지인에게 도움을 청하기도 하고 전문 업체에 의뢰하기도 해서 일을 진행하게 된다. 문제는 지인에게 도움을 청하는 것도 한두 번이지 매번 그럴 수 없는 노릇이란 것이다. 전문 업체에 외주를 주게 되면 수익성이 떨어지니 이마저도 쉽지 않다.

이렇게 신규 프로젝트를 수행하거나 급하게 처리해야 할 업무가 발생해서 사람이 필요하게 되면 어떻게 해야 할까? 바로 협업에서

답을 찾아야 한다. 직원을 고용하면 인건비 이외에도 경비가 들어가기 때문에 매출 규모가 작은 기업에게는 부담이 제법 크다. 나 또한 1인 기업을 탈피하기 위해 무던히 노력했지만 쉽지 않았다. 분위기에 휩쓸려 직원을 고용했다가 석 달 만에 두 손 두 발 다 들고 1인 기업으로 유턴했던 아픈 기억도 있다. 고정적이고 안정적인 수익모델이 있다면 직원을 고용해도 큰 문제는 없지만 그게 아니라면 버틸 때까지 버티는 것이 일단은 현명한 선택이다.

협업은 이럴 때 필요하다. 나에게 부족한 부분, 나에게 없는 부분을 채워줄 수 있는 사람들을 프로젝트 팀으로 준비해놓았다가, 프로젝트가 발생하게 되면 흩어져 있던 팀원들을 불러들여 일을 시작하는 것이다. 협업은 프로젝트가 없을 때는 각자 생업에 종사하다가 프로젝트가 생기면 뭉쳐서 깔끔하게 일을 완수하는 구조다.

협업을 바탕으로 하는 프로젝트 팀을 만들면 프로젝트 수주에도 많은 도움이 된다. 어디에서 이런 전문가 급의 고급 인력을 구하겠는가? 더구나 고용을 하지 않고도 그들의 경력과 포트폴리오를 이용해서 프로젝트를 수주할 수 있다면 금상첨화다. 물론 정부기관 프로젝트 같은 경우, 4대 보험 가입증명서 같은 서류를 요구하니 협업으로는 힘들겠지만 중소형 규모의 프로젝트에서는 분명 이점으로 작용한다.

사실 나는 IT 분야에서 10년 넘게 기획자로 일하면서 안 해본 것이 거의 없을 정도로 대부분의 기획 업무를 수행했다. 거기다가 개인적으로 웹사이트까지 운영하고 있었기 때문에 개발 부분도 조금은 알고 있었다. 하지만 전문적인 영역으로 들어가니 내가 가진 개발 지식으로는 한계가 있었다. 결국 제대로 프로젝트를 수행하기 위해서는 외부 인력을 영입해야 했다.

비전을 공유하는 관계

2013년 상반기에 수출을 전문으로 하는 화장품 브랜드 오띠Ottie의 국내 쇼핑몰을 구축하고 온라인 마케팅까지 진행하는 프로젝트를 진행했다. 나 혼자 감당하기에는 큰 프로젝트였으므로 협업이 필요했다. 기획은 내가 하고 웹디자인은 10년 경력의 오랜 파트너인 아내에게 맡겼다.

문제는 개발이었다. 다행히 나에게는 이 문제에 도움을 줄 개발자 파트너가 있었다. 메타블로그부터 소규모 웹사이트 구축까지 많은 프로젝트를 함께 하면서 마음을 맞춰온 투데이텐 이동철 대표였다. 우리는 서로에 대한 믿음과 신뢰가 있는 개발자이기에 협업을 하기로 결정했다. 기획 단계부터 개발자와 회의를 거쳐 콘셉트를 잡아나갔고 디자인, 개발까지 순조롭게 진행되었다. 온라인 마케팅으로는 체험단과 커뮤니티 바이럴, 키워드 광고를 진행했는데, 마케팅의 경우에는 내 주종목이었기 때문에 단독으로 진행했다. 이처럼 직원 채용이나 외주 없이도 협업으로 얼마든지 프로젝트를 수행할 수 있다.

협업을 하면 직원을 채용하지 않아도 되고 외주로 인한 리스크를 줄일 수 있다. 협업으로 프로젝트를 진행할 때는 이미 같이 일한 경험이 있는 마음이 맞는 사람과 함께하는 경우가 많기 때문에 보다 효율적이고 유기적으로 일할 수 있다는 장점도 있다. 선금을 주고 일을 시작할 필요도 없고 프로젝트 수행비가 입금되는 즉시 배분하면 되기 때문에 현금 흐름도 좋다.

프로젝트를 진행하다 보면 예기치 않은 문제들이 끊임없이 발생한다. 이런 경우에도 협업은 좋은 해결책을 제공한다. 사실 사업을 한다는 것 자체가 문제를 해결해나가는 과정이라 할 수 있다. 문제가 발생할 때마다 이 난감한 상황을 어떻게 헤쳐나갈지 고민에 고민을 거듭하게 된다. 대부분의 문제는 밤을 새워서라도 혼자 힘으로 해결하고자 노력하겠지만, 간혹 지인에게 도움을 청하거나 전문 업체에 의뢰하여 문제를 해결해나가는 것이 나을 때도 있다. 어떻게든 혼자서 문제를 해결할 수 있으면 다행이겠으나, 도저히 혼자 해결할 수 없을 때도 있으니 말이다. 이럴 때는 다른 사람의 도움을 받아야 한다.

사이트를 운영하다 보면 많은 문제들이 발생한다. 나는 이럴 때마다 개발자 커뮤니티에 문의를 하고 답을 기다려야 했는데, 여간 답답한 일이 아니었다. 그러다가 개발자 커뮤니티를 통해서 알게 된 개발자와 친해졌다. 이때부터는 문제가 발생하면 이 사람에게 먼저 연락을 해서 물어봤다. 그러면 거의 대부분의 문제들이 해결되었다. 나중에는 스스럼없이 모르는 부분을 문의하기도 하고 개발을 부탁하기도 했다. 이렇게 좋은 협력자를 만나면 어려운 문제도 쉽게 해결할 길이 생긴다.

협력 관계에 있는 개발자와는 사이트를 함께 운영해서 광고 수익을 나눌 수도 있다. 친분이 없고 서로에 대한 호감이 없다면 불가능한 이야기다. 이처럼 협업은 사업을 하면서 발생하는 많은 문제를 해결해준다. 당연한 이야기지만 협업이 성공하려면 좋은 협업 파트너를 만나야 한다. 협업이 가능한 사람들과의 관계를 만들고 그 관계를 성숙시키는 과정은 그래서 꼭 필요하다. 마음이 맞는 데다 충분한 실력까지 갖추고 있다면 협업에 더할 나위 없는 파트너가 된다.

혹시 지금 '직원이 없는데 어떻게 해?', '외주 주고 나면 남는 것도 없는데 왜 해?'라며 고민에 빠져 있는가? 협업은 새로운 기회를 만들기도 한다. 지금이라도 나에게 부족한 부분을 채워줄 수 있는 사람을 찾아보라. 그들과 친해지고 비전을 공유하라. 그러면 당신에게도 훌륭한 협업 파트너가 생길 것이다. 결국 협업도 핵심은 사람, 그리고 관계다.

협업 파트너와 문제가 발생했을 때

● ● ●

모든 것이 그렇듯 협업에 좋은 점만 있는 것은 아니다. 인력이나 자금이 부족한 1인 기업이나 중소기업에게는 이보다 더 좋은 모델이 없는 것 같아 보이지만 문제는 어디에나 존재하기 마련이다. 가장 큰 문제는 모두가 합심해서 프로젝트를 진행하면 좋으련만 한 곳에서 펑크가 나면 프로젝트 전체가 위태롭게 된다는 점이다. 협업 파트너 모두가 프로젝트 외에도 주업으로 삼고 있는 생업이 있는 경우가 대부분이기 때문에 업무의 충돌로 인하여 많은 문제들이 발생할 수밖에 없는 구조이기도 하다.

협업으로 프로젝트를 진행하면서 발생할 수 있는 문제점으로는 어떤 것들이 있을까? 일단 생각보다 통제가 잘 되지 않는다는 점이다. 협업에서의 통제란 파트너를 조종하는 것이 아니라 일정 관리와 같은 부분에서 서로의 스케줄을 맞추는 것을 의미한다. 직원들도 사장 마음대로 움직이기 어려운 판국에 강력한 연결고리 없이 느슨하게 연결된 협업 네트워크다 보니 관리가 제대로 되기는 어렵다. 이 새로운 일도 중요하지만 본래 하고 있던 일도 중요하기 때문에 다른 쪽에 업무가 몰리게 되면 이쪽에는 상대적으로 신경을 쓰지 못할 수도 있다. 어쩔 수 없는 일이기는 하지만 프로젝트는 진행되어야 하기에 합리적인 해결책이 필요하다.

기획과 디자인은 다 해놓았는데 개발자가 프로그램 개발을 마감 시일에 맞추지 않으면 진도가 나갈 수 없다. 이렇게 파트너의 통제가 어렵다는 것은 협업의 가장 치명적인 약점이다. 고객은 계속해서 독촉하는데 개발자는 지지부진한 상태라면 뭔가 다른 해결 방안을 모색해야 한다. 이렇듯 협업으로 일을 하게 되면 항상 대안을 마련해둘 필요가 있다.

협업으로 쇼핑몰을 구축하는 프로젝트를 진행한 적이 있다. 그런데 개발자가 너무 바빠서 이쪽 일을 못 하는 상황이 발생했다. 프로그램 개발이 되지 않아 혼자서 발만 동동 구르다가 결국 작업이 가능한 사람을 섭외했다. 그리고 원래의 개발자에게는 다른 사람으로 대체하겠다고 통보했다. 협업 네트워크에서 배제하겠다고 최후 통첩한 셈이다. 그랬더니 그제야 부랴부랴 개발을 시작했다. 사실 프로젝트를 진행하는 데 많은 시간 투자를 할 필요도 없었다. 개발자가 조금만 손보면 끝나는 프로젝트였는데도 이런 문제가 발생한 것이다.

처음부터 일정을 너무 느슨하게 잡은 것이 문제였을 수도 있다. 나름대로 협업자를 배려한다 생각하고 개발 기간을 2주가량 잡았지만

▶ 협업으로 쇼핑몰 구축부터 마케팅까지 해낸 오띠 프로젝트는 협업의 장점과 단점을 여실히 보여주는 사례였다.

미리 해놓을 리가 없었다. 마감일이 임박해도 일을 할지 안 할지 모르는 판국에 일정을 너무 느슨하게 잡는 바람에 내 프로젝트가 2순위, 3순위로 밀려난 것이다. 실제 개발 가능한 기간을 산정해서 조금 빠듯하게 일정을 잡아야 비로소 원하는 시간 안에 마무리 지을 수 있다는 교훈을 얻은 셈이다.

일은 사람이 한다

당장 눈앞에 없으면 일을 안 하게 되는 미루는 습관도 문제를 일으킨다. 같은 공간에 없다 보니 금방 하겠다고 해놓고 함흥차사인 경우가 많다. 일을 주는 입장에서는 복장이 터지는 상황이다. 따로 떨어져서 일을 하다 보니 눈에 안 보이는 일보다는 당장 눈에 보이는 급한 일부터 처리하게 되는 것이 인지상정이지만, 그렇게 미루다 보면 한도 끝도 없이 미뤄진다. 이렇게 협업을 하다 보면 일을 제대로 하기 위해서는 한 공간에 있어야 효율적이라는 사실을 여러 번 절감하게 된다.

소통 과정에서 오류가 나는 경우도 심심치 않게 발생한다. 직접 만나서 대화를 하면 가장 좋겠지만 협업을 할 때는 그렇게 하기가 쉽지 않을 때도 있다. 결국 전화나 이메일, 메신저로 소통해야 한다. 그런데 이런 과정에서 실수가 종종 발생한다. 같은 공간에 있었다면 절대 일어나지 않을 사소한 실수 말이다.

양질의 작업 결과에 대한 보장이 어려운 부분도 있다. 디자인 시안이 나왔는데 썩 맘에 들지 않더라도 협업 파트너가 마음 상할까 봐 직접적으로 말하지 못하는 일도 종종 벌어진다. 적당히 괜찮으면 그냥 넘어가기도 하지만 결국에는 최종 단계에서 문제가 발생할 수 있다. 질이 낮으면 고객의 만족도가 떨어지기 때문이다. 그러면 이번 프로젝트는 어떻게 그냥 넘어갈 수 있을지 몰라도 다음 프로젝트부터는 다른 업체로 가게 될 확률이 높다.

나의 경우도 협업을 처음 시도했을 무렵에는 만족도 80퍼센트 정도의 수준만 되면 일을 진행시켰지만 최근에는 100퍼센트까지 끌어올리기 위해 노력한다. 100퍼센트의 만족도에 도달하기 위해서는 그만큼 많은 에너지를 소모해야 된다. 사실 이 정도까지 끌어올리려면 뼈를 깎는 고통이 수반될 수밖에 없다. 그래서 대부분의 사람들이 만족도 80퍼센트 정도의 선에서 일을 진행시키기도 한다. 하지만 협업으로 많은 일을 진행해본 결과, 80퍼센트 정도의 만족도를 가지고는 고객을 감동시킬 수 없다는 당연한 결론을 얻었다. 80퍼센트 정도의 만족도로 작업을 끝내면 거의 대부분의 일들이 단타성으로 끝나기 십상이었다.

협업에는 장점이 많은 반면 단점도 많다. 그러므로 이러한 단점을 어떻게 극복할 것인가를 항상 고민해야 한다. 협업이 잘 안 될 경우에는 발 빠르게 다른 대안을 찾아야 하며, 좋은 팀워크를 유지하기 위해 친밀도를 높이고 비전을 공유할 필요가 있다.

사람과의 좋은 관계도 중요하지만 협업 프로젝트가 성공하기 위해서는 어느 정도의 규칙을 정할 필요가 있다. 기한을 지키지 못하거나 회의에 참석하지 못할 경우에 벌금을 부과한다든지, 일이 원활하게 진행되지 않을 경우 다음 프로젝트에는 참여할 수 없다든지 하는 협업 파트너 간의 규칙 말이다. 이러한 규칙은 알게 모르게 사람의 이성을 자극하기 때문에 프로젝트에 더욱 집중할 수 있도록 도와준다.

결국 일은 사람이 하는 것이다. 협업에서는 일하는 사람과의 관계가 가장 중요하다. 어떻게 하면 내 사람으로 만들어 많은 프로젝트를 함께 할 수 있을지, 어떻게 하면 더 많은 프로젝트를 수주할 수 있을지에 대해 진지하게 고민해야 한다. 그리고 나중에는 협업이 아닌 하나의 회사를 키워 사내에서 함께 일할 수 있을지 등 미래 비전에 대해 많은 대화를 나누는 것도 필요하다. 비전을 심어주면 동기부여가 생기기 때문에 한층 더 적극적으로 협업에 임하게 된다.

협업처럼 구속력이 약한 팀 구조는 대부분 구성원과의 관계로 인한 문제들을 안고 있다. 가장 큰 문제는 주인의식이 약하기 때문에 생겨난다. 내 소유가 아니니 지금 주어진 일이나 대충 처리하고 돈만 챙기면 된다는 안이한 생각이 문제를 야기하는 것이다. 이러한 생각은 사람을 소극적으로 만든다. 어차피 책임은 프로젝트를 제안한 사람이 지게 될 테니 어떻게 되든 별 상관이 없기 때문이다. 그러나 이러한 사고방식은 지극히 근시안적이다. 협업을 할 때는 겉으로 드러내지는 않지만 누군가는 분명히 당신을 평가하고 있다는 사실을 명심할 필요가 있다.

세상의 모든 이치가 그렇지만 자기가 원하는 것만 얻어갈 생각을 하면 곤란하다. 인생이란 결국 주는 만큼 받게 되어 있고, 받는 만큼 주게 되어 있다. 주는 것보다 더 많이 받으려고 한다면 그건 욕심이다. 협업도 마찬가지다. 안이하고 나태한 생각은 협업에 치명적이다. 함께 만들어가는 공동 사업체라는 인식을 갖고 자기주도적으로 협업 프로젝트에 임해야 성공한다. 그래야 팀도 잘되고 나도 잘된다.

모두가 성공하는 윈윈전략의 실현

● ● ● ●

직장을 박차고 나와 와이드커뮤니케이션즈를 창업했을 때, 처음부터 집에 사무실을 꾸밀 생각이었다. 그런데 창업과 동시에 본의 아니게 광고대행사와 함께 프로젝트를 진행하게 되면서 전 직장과 얼마 떨어지지 않은 사무실로 출근하게 되었다. 그러다 한 달간의 프로젝트가 끝나고 다시 집에 꾸며놓은 사무실로 돌아갈 때가 되니 막막한 기분이 들었다. 아무래도 제대로 일을 하려면 별도의 공간이 필요하다는 생각이 들었다.

사무실에 대해 고민하고 있을 무렵, 소셜미디어 전문가로 이미 입지를 굳히고 있던 이스토리랩 강학주 소장이 떠올랐다. 소장과 이런저런 이야기를 나누던 중에 사무실에 자리가 많으니 사무실이 필요하면 써도 된다고 했던 말이 생각난 것이다. 첫 책의 추천사를 써준 인연도 있고 한국여성재단의 뉴미디어 자문위원으로 함께 활동하고 있었기 때문에 소장과는 어느 정도 친분이 있었다. 농담이거나 지나가는 말로 한 이야기였을 수도 있지만 당장 사무실이 필요했기 때문에 염치 불구하고 연락을 했는데 흔쾌히 같이 쓰자는 대답을 들었다.

그렇게 해서 나는 이스토리랩 사무실에 둥지를 틀었다. 그 후로 2년 동안 동고동락하게 될 줄은 꿈에도 몰랐다. 강학주 소장이나 나나 소셜미디어 분야에 몸담고 있었기 때문에 하는 일도 비슷했고 서로 통하는 데가 있었다. 사무실에서 일하면서 소셜미디어 강의도 하고 교육 프로그램도 만들었다. 매일 같은 공간에서 일하다 보니 강학주 소장 스케줄이 맞지 않아 강의를 못하게 되면 나에게 연결해주기도 했다. 나로서는 사무실뿐만 아니라 멋진 사람과 파트너가 될 기회까지 얻은 셈이었다.

비슷한 일을 하는 사람들과 한 사무실을 쓰면서 업무 효과는 배가되었다. 우리는 좀 더 멋진 협업 프로젝트를 가동하기로 했다. 강학주 소장이 사무실을 함께 쓰는 사람들끼리 힘을 합해 컨퍼런스를 개최해보자고 제안한 것이다. 물론 흔쾌히 받아들였다. 나 또한 소셜인사이트 컨퍼런스를 1회 진행해본 경험이 있으니 2회 소셜인사이트 컨퍼런스로 가보면 어떻겠느냐고 제안했고, 강학주 소장도 수락했다. 이렇게 제2회 소셜인사이트 컨퍼런스가 시작되었다.

더 큰 일을 도모하는 디딤돌

우선 나와 강학주 소장, 그리고 이스토리랩 직원 두 명이 주축이 되어 컨퍼런스 기획부터 시작했다. 컨퍼런스를 기획하던 2012년 초는 소셜미디어 위기 대응 및 관리에 대한 이슈가 본격적으로 논의되고 있던 시점이었기 때문에 소셜미디어의 위기를 주제로 컨퍼런스를 개최하자는 데 어렵지 않게 합의했다. 최종적으로 선정한 컨퍼런스 정식 명칭은 '제2회 소셜인사이트 컨퍼런스: SNS의 역습'이었다.

주제가 정해진 뒤에는 장소 결정과 세부적인 프로그램 기획, 프로그램을 맡아줄 연사 초빙 등의 본격적인 컨퍼런스 준비 단계에 돌입했다. 이 과정은 나와 이스토리랩 사람들 모두가 합심해서 지속적으로 회의를 진행하며 추진했다. 그리고 컨퍼런스에 대한 전반적인 준비가 마무리되고 홍보를 통해 참석자를 모으는 일만 남으면서 각자 맡을 업무를 분담하기로 했다. 다만 일을 나누더라도 다른 일에 신경을 쓰지 않고 나 몰라라 하는 것이 아니라 모든 일에 대해 함께 고민하는 것을 원칙으로 했다. 각자가 맡은 부분에 대해 책임을 지고 챙기는 것은 기본이었다.

전반적인 컨퍼런스 운영 부분은 이스토리랩에서 담당했다. 나는 블로그와이드 사이트에 배너 광고를 게재하고 개인 블로그, 페이스북 등을 활용한 홍보에 주력했다. 각자가 자신 있고 경쟁력 있는 부분으로 업무를 분장하니 업무 효율이 더욱 높아졌다.

때마침 채선당 직원의 임산부 폭행 사건이 터지면서 소셜미디어의 위기 대응과 관리에 대한 이슈가 증폭되었다. 채선당에는 미안한 이야기이지만 우리는 이 이슈를 컨퍼런스 홍보에 조금 활용하기로 했다. 우선 페이스북에서 채선당 사건을 이슈로 만들어 기업의 소셜미디어 위기 대응에 대한 경각심을 불러일으켰다. 또한 블로그에 채선당 사건을 자세히 소개하고 소셜미디어상에서 위기가 발생할 경우 기업은 어떻게 대응해야 하는지에 대한 정보를 칼럼 형식으로 작성하여 공유했다. 이때 채선당에 대한 이슈가 폭발적이었기 때문에 채선당이라는 키워드를 검색해서 들어오는 방문자가 대다수를 차지할 정도였다. 때마침 이슈로 떠오른 사회 문제를 홍보에 적절히 활용한 사례라 할 수 있을 것이다.

아무래도 주요 언론사나 정부 기관에서 주최하는 컨퍼런스가 아니다 보니 많은 사람이 몰리지는 않았다. 그래도 100여 명이 참석하는 수준에서 컨퍼런스를 진행할 수 있었다. 대규모까지는 아니었지만 참석한 사람들은 모두 잘 배우고 간다며 흡족해했다.

이렇게 해서 와이드커뮤니케이션즈와 이스토리랩이 협업으로 진행했던 제2회 소셜인사이트 컨퍼런스를 성공리에 마칠 수 있었다. 컨퍼런스에 들어간 모든 비용을 정산하고 협업에 들어간 운영 자원의 비율에 따라 수익을 배분했다. 수익 면에서는 혼자 할 때보다 부족한 면이 있었지만, 협업을 통해 내 업무 부담도 많이 줄일 수 있었고 마음 맞는 사람들과 함께할 수 있어 행복한 시간이었다.

협업이란 이런 것이다. 혼자서 모든 일을 다 처리할 수 있으면 문제가 없겠지만, 일을 하다 보면 현실적으로 힘든 부분이 생긴다. 그렇다고 직원을 채용할 정도는 아닐 때 마음 맞는 사람들과 협업으로 프로젝트를 진행할 수 있다면 이보다 더 좋을 수는 없다. 특히 프로젝트를 수주해서 협업하는 것보다 세상에 없는 새로운 프로젝트를 함께 만들어갈 때의 희열은 말로 다 설명할 수가 없을 정도다.

때로는 당장 바로 앞의 이익을 보기보다 시야를 좀 더 넓힐 필요도 있다. 지금은 노력한 것에 비해 이익이 적게 느껴질 수 있지만 큰 일을 도모하기 위한 디딤돌이 될 수 있기 때문이다. 이것이 관계가 발휘하는 힘이다. 실력까지 겸비된다면 금상첨화지만 이것이 최우선 순위는 아니다. 협업은 사람과 사람 사이의 관계를 기반으로 하기 때문에 믿을 수 있는 사람, 마음이 맞는 사람과 해야 한다. 그래야만 협업에서 모두가 성공하는 윈윈전략을 발휘하며 프로젝트를 마무리할 수 있다.

미래 지향적인 협업 모델

● ● ●

사업 초창기에 가장 큰 부담은 역시 인건비다. 자본금 1억으로 사업을 시작해도 직원을 두고 일하다 보면 까먹는 건 순식간이다. 인건비는 가장 큰 지출 항목이다. 게다가 요즘 연봉이 얼마나 높은가? 1인 기업이야 내 한 몸 다 바쳐서 내 인건비 정도만 벌면 되지만 직원이 생기면 내가 가져가야 할 돈에 직원 월급까지 벌어야 한다. 월급뿐만 아니라 4대 보험, 복리후생비까지 감안해야 하기 때문에 직원 하나를 채용하면 직원 월급의 두 배 이상을 벌어야 유지가 가능하다. 업종에 따라 다르겠지만 직원 한 명당 1억 원씩을 벌어줘야 회사가 유지된다는 이야기도 있다. 즉, 직원이 두 명이면 연간 매출 2억은 해야 유지가 된다는 이야기다. 하지만 신생 기업이 이만큼의 매출을 올리기란 쉽지 않다. 1억 원을 투자받아도 몇 달 버티다 또 투자자를 찾으러 다니는 사람도 많이 봤다.

사업이 궤도에 오른다 해도 개인사업자로는 한계가 있다. 개인사업자로 매출 7천만~8천만 원 이상 넘어가면 세금 문제 등이 발생하기 때문에 법인으로 전환하는 게 유리하다. 개인사업자로서 직원 없이 협업으로만 버티는 것도 어느 시점이 지나면 버거워진다. 개인사업자에서 법인으로 넘어와야 할 시점이 오는 것이다. 그런데 갑자기 개인사업자에서 법인으로 전환하면 직원을 뽑는 게 여간 부담스러운 일이 아니다. 정상적인 방법으로는 도저히 요즘 구직자의 연봉 수준을 맞출 수가 없다. 이때도 협업의 힘이 필요하다. 어떻게? 바로 공동 창업을 계기로 삼아 협업 파트너를 끌어들이는 것이다. 엄밀히 이야기하자면 공동 창업자가 되겠다.

공동 창업자를 찾다

따지고 보면 개인사업자는 오로지 개인의 자산을 바탕으로 하기 때문에 나눠줄 것도 없고 보장해줄 것도 마땅치 않다. 반면 법인은 회사 자체가 하나의 인격체이기 때문에 대표 개인에게 책임을 묻기 전에 회사가 먼저 책임을 져야 한다. 법인은 대표뿐만 아니라 주주, 임원, 직원 할 것 없이 모두의 공동 책임이라 보면 된다. 이런 측면에서 보면 개인사업자는 대표에게 모든 권한과 책임이 동시에 주어지기 때문에 법인보다 더 부담스러울 수 있다.

법인을 설립하면서 그동안 협업으로 함께 일했던 동료들을 회사로 불러들이면 어떨까? 더 좋은 협업 모델이 되지 않을까? 협업 파트너들을 공동 창업자로 격상시키고 지분까지 나눠주면 된다. 모두가 회사의 주인이 되었다고 가정해보자. 공동 창업자로 대우해주고 지분을 나누면 모두가 자기 회사라 생각하고 열심히 일하게 될 것이다. 이들은 창업 초기에 월급을 적게 받더라도 비전을 보고 함께할 수 있다. 법인은 소속되어 있는 모두가 함께 만들어나가는 공동사업체다. 이들은 몇 개월 월급을 못 받아도 버텨낼 수 있다. 이들은 직원이 아니라 회사의 주인이기 때문이다.

이때가 되면 대표 자리에도 연연하지 말아야 한다는 것이 내 생각이다. 개인사업자에서 법인으로 전환하는 이유는 내가 가져갈 수 있는 수익이나 명분이 적더라도 파이를 키워 '규모의 경제'[5]에 도달하기 위해서이다. 이렇게 규모의 경제에 도달하면 개인사업자처럼 아등바등하지 않아도 비교적 수월하게 비즈니스를 할 수 있다. 또한 나보다 더 뛰어난 대표가 있다면 그 사람에게 대표 자리를 넘겨줘도 좋다고 생각한다. 누군가 투자를 하겠다면서 지분을 요구하면 지분을 넘겨주고 대주주에서 물러나는 것도 회사를 키우기 위한 방법이 아닐까? 좀 더 큰 뜻을 위해 잠시 희생한다 생각하면 된다. 물론 회사에서 도태되지 않도록 자신의 능력을 키우고 유지해야 하겠지만 말이다.

이렇게 법인 또한 훌륭한 협업 모델이 될 수 있다. 사람에 따라

---

5 생산 규모가 증가함에 따라 생산비용에 비해 생산량이 보다 크게 증가함으로써 생기는 경제적 이익.

보는 관점이 다르겠지만, 사업을 하면서 저지른 나의 가장 큰 실수는 개인사업자로 너무 오랫동안 버텼다는 점이다. 법인으로 전환하면서 함께 일해왔던 협업 파트너들을 회사로 모아서 함께했다면 지금쯤 자리를 잡고도 남았을지 모른다. 그때는 내 것을 다른 이들과 나누는 것이 싫었다. 오래전부터 내가 혼자 만들어온 사이트며, 비즈니스 모델을 누군가와 공유한다는 것도 싫었다. 오로지 나만의 것이라 생각했기 때문이다.

무식한 이야기이지만 이때는 누가 투자를 하겠다고 제안을 해도 투자 없이 나 혼자 잘할 수 있다며 호기롭게 뿌리치기도 했다. 그러나 내 것을 움켜쥐고 있는 사이에 결국 기회는 허공으로 날아가고 아무것도 이룬 것이 없었다. 내 것을 내놓고 그것을 더 키워서 규모의 경제로 가야 성공할 수 있다는 사실을 뒤늦게 깨달았다. 물론 창업자의 상황이 저마다 다른 만큼 무조건 법인이 답이라고 할 수는 없겠지만, 요점은 온전한 내 것을 만들 생각보다는 내 것을 개방하여 더 큰 가치를 만들 생각을 해야 한다는 것이다. 법인은 하나의 좋은 대안이 될 수 있다.

신규 인터넷 신문사를 창간하면서 창립 멤버로 법인을 설립하는 데 참여한 적이 있었다. 원래 블로그와이드에서 객원기자로 활동하던 기자 두 명과 함께 의기투합하여 법인을 만들었다. 처음에는 엔젤 투자자[6]를 통해 투자를 받을 계획이었으나 무산되면서 자연스럽

---

6 기술력은 있으나 자금이 부족한 신생 벤처기업에 자금을 투자하는 기업.

게 우리끼리 시작해보자며 힘을 합했다. 회사 지분 또한 공동 창업자에 대한 예우를 갖추어 배분하고 회사가 어느 정도 안정화될 때까지는 모두가 월급 50만 원만 받고 일하기로 합의를 봤나. 50만 원? 공동 창업자이기에 가능한 이야기 아니겠는가? 이 시대에 누가 월급 50만 원 받으면서 일할 수 있겠는가? 공동 창업자로서의 비전이 있기에 가능한 일 아니겠는가? 지금 당장은 배고파도 비상할 날을 꿈꾸면 버틸 수 있다. 한마디로 공동 창업자는 생사고락을 함께하는 식구나 다름없다.

이렇게 당장의 배고픔을 참으면서 미래의 비전을 함께 만들어갈 협업 파트너가 있는가? 만약 있다면 법인을 고려해보라. 그리고 공동 창업자로 예우해주고 1년만 같이 고생하자고 제안해보라. 그들 또한 당신의 제안을 기다리고 있을지도 모른다.

협동조합을 생산적으로
활용하는 방법

● ● ●

2012년 12월 1일, 협동조합기본법이 발효되면서 협동조합에 대한 관심은 가히 폭발적이었다. 보험·금융업을 제외한 모든 업종에서 5인 이상이면 누구나 협동조합 설립이 가능해졌기 때문이다. 협동조합은 경제적으로 약소한 처지에 있는 사람들이 뜻을 같이하고 힘을 한데 모아 스스로 자신들의 불편한 상황을 개선하고 필요를 충족시키기 위해 만든 경제조직을 말한다. 국제협동조합연맹ICA은 협동조합을 '공동으로 소유하고 민주적으로 운영되는 사업체를 통해 공통의 경제적·사회적·문화적 필요와 욕구를 충족시키고자 하는 사람들이 자발적으로 결성한 자율적인 조직'이라고 정의하고 있다.

협동조합은 상위 1퍼센트가 아닌 99퍼센트의 대다수를 위한 경제모델이다. 조합원들이 공동출자하는 협동조합은 주식회사와는 달리 '1주 1표' 방식이 아닌 '1인 1표' 방식으로 운영된다. 출자 규모와 무관하게 의결권이 1인 1표제인 이런 특성 때문에 상대적으로 사회적 약자에 속하는 계층과 영역에서 협동조합이 큰 기회로 인식되고 있다.

우리나라에서도 한때 협동조합에 대한 관심이 높아지면서 몇 사람 모이기만 하면 협동조합 이야기가 나온 적이 있다. 협동조합만 만들면 뭔가 엄청난 일이 벌어질 것같은 분위기도 느껴졌다. 실제로 2013년에 수많은 협동조합이 생겼다. 하지만 제대로 운영되지 않는 빈껍데기뿐인 협동조합이 상당수였다. 서울시 협동조합 담당자로부터 설립신고만 하고 실제로 사업자등록까지 간 경우는 많지 않다는 이야기를 전해 들으면서, 협동조합이 무분별하게 난립하고 있다는 생각을 지울 수 없었다. 현재 이름만 그럴듯하게 만들어놓고 정부 지원금만 챙기는 얌체 협동조합도 많을 뿐 아니라 제대로 운영하지 않는 협동조합도 엄청나다고 한다. 협동조합 부실화 방지 대책을 내 놓아야 한다는 소리까지 나오고 있을 정도다.

말도 많고 탈도 많지만 그럼에도 협업적인 측면에서는 협동조합이 탁월한 모델임은 분명해 보인다. 제대로 운영이 안 되고 있어서 문제지, 제대로만 활용한다면 가장 이상적인 사업 구조를 만들 수 있다. 우선 협동조합은 법인보다 부담이 훨씬 적다. 조합원이 조합비와 회비를 내서 협동조합 운영을 돕기 때문이다. 물론 사무국에 직원을 둔다면 직원 월급을 줘야 하겠지만 최소한의 관리 인원만 필요하기 때문에 사업 규모에 비해 부담은 크지 않다. 이러한 요소로 인해 협동조합을 새로운 협업 구조라 할 수 있다.

내가 참여하면 내 것이 된다

조합원들은 왜 조합비에 회비까지 내면서 협동조합을 할까? 지극히 당연한 이야기겠지만 협동조합이 그 이상의 돈을 벌어주기 때문이다. 협동조합을 구성하는 조합원들의 면면을 보면 개개인의 능력은 출중하다. 하지만 개별적으로 활동하면서 흩어져 있다 보니 힘을 발휘하지 못할 때도 있다. 모래알과 같은 구조인 것이다. 하지만 이들이 협동조합이라는 조직을 중심으로 결집하게 되면 누구도 무시할 수 없을 정도의 힘을 갖게 된다. 결국 협동조합은 이러한 네트워크를 바탕으로 수익성 있는 사업을 만들어내거나 프로젝트를 수주하여 조합원에게 더 많은 수익을 올릴 기회를 제공해야 한다.

내가 초대 이사장으로 재직했던 그림책 작가 협동조합을 보면 그림책 작가들이 모여 있다는 것만으로도 여기저기에서 엄청난 제안들이 들어왔다. 일단 그림책 작가 협동조합이니 그림책 작가들이 많은 만큼 일러스트 작업, 특히 전자책 제작 쪽으로 수요가 많았다. 그림책 작가 협동조합은 이러한 프로젝트가 생기면 그림책 작가들을 투입하여 프로젝트를 진행한다. 매달 급여를 줄 필요 없이 프로젝트 진행에 따라 작업비를 지급하면 된다. 이게 바로 네트워크의 힘이 아닐까?

그림책 작가 협동조합은 여기에서 더 나아가 자체적으로 그림책을 만들고 출판하고 유통하고 마케팅까지 주도적으로 해내고 있다. 이를 위해 그림책을 만드는 데 가장 중요한 그림 작가, 글 작가뿐만 아니라 그림책 기획자, 편집자, 마케팅 전문가 등이 모여 협동조합을 설립했다. 그림책과 관련된 모든 사람들이 조합원으로 가입할 수 있도록 확장한 것인데, 이게 바로 그림책 작가 협동조합의 경쟁력이 되고 있다. 그림책을 제작해도 팔 수 없으면 쓸모가 없으므로 유통이나 마케팅 쪽을 책임질 사람이나 조직이 필요하다. 이렇게 되면 출판사를 통해 출간할 때보다 수익률도 높아진다. 작가들은 더 많은 인세를 얻을 수 있고 마케터 또한 책 홍보를 통해 수익을 받아갈 수 있다. 그림책 콘텐츠를 바탕으로 캐릭터 사업이나 상품 디자인 등 자체 사업으로도 확장할 수 있기 때문에 그림책 작가 협동조합이 할 수 있는 일은 무궁무진하다.

내가 속해 있는 파워블로거 네트워크인 태터앤미디어도 협동조합과 비슷한 구조를 갖고 있다. 대한민국 대표 파워블로거 300여 명으로 구성되어 있는 태터앤미디어는 이 파워블로거 네트워크를 바탕으로 블로그 마케팅 프로젝트나 광고를 받아온다. 블로거들은 태터앤미디어 네트워크에 가입해 파트너 블로거로 활동하면서 자신들의 트래픽을 몰아준다. 태터앤미디어는 광고를 수주해 광고주가 원하는 블로그에 광고를 달고 블로거에게 광고비를 지급한다. 체험단이나 리뷰 캠페인도 진행하여 제품을 제공하거나 원고료를 지급한다. 또한 회원들을 신제품 출시 행사에 초대하기도 하고 블로거 간담회를 개최하기도 한다.

태터앤미디어는 회원 블로거들에게 돈은 자신들이 벌어줄 테니 창작 활동에만 힘쓰라고 말한다. 이런 면은 협동조합과 많이 닮아 있다. 블로거에게 고정적으로 월급을 지급하지 않는 대신 프로젝트가 생기는 대로 일을 넘기고 약속한 돈을 지급하는 식이다. 이렇게 처음 네트워크를 만드는 데는 많은 노력이 필요하지만 한번 형성된 네트워크를 활용해 지속적으로 사업을 진행할 수 있기 때문에 매우 훌륭한 사업 모델이라 할 수 있다. 훌륭한 파워블로거 네트워크를 활용해 비즈니스를 할 수 있는 것이 얼마나 매력적인 일인가? 결국 태터앤미디어는 파트너 블로거와의 공동 사업체인 셈이다.

협동조합은 당장에 월급은 주지 않더라도 많은 일거리를 만들어서 조합원들에게 제공한다. 조합원 네트워크를 활용해서 각종 사업을 만들어내고 프로젝트를 수주할 수도 있다. 이러한 구조로 운영이 가능하기 때문에 협동조합은 사업 초기에 인건비 걱정을 덜 수 있다. 일이 있을 때마다 조합원에게 일을 넘겨주고 일정 수준의 수수료는 남겨두고 비용을 지불하면 된다. 수수료는 협동조합의 주된 수익원이 될 것이다. 또한 좋은 사업 아이템을 잡아서 협동조합이 주도적으로 자체 사업을 전개해나갈 수 있다. 이때 조합원도 사업에 참여할 수 있다.

협동조합은 굉장히 이상적인 사업 모델이다. 그러나 '이상적'이라는 말에 주목해야 한다. 실제로 설립해서 운영했을 때에는 생각처럼 쉽지 않을 수 있다는 이야기다. 그림책 작가 협동조합도 마찬가지였다. 처음에는 조합원 모으는 것조차도 버거웠다. 하지만 어느 정도 네트워크가 구성되고 난 후에는 스스로 커져나갔다. 협동조합을 중심으로 업계의 실력자들이 모여든다면 얼마든지 승산 있는 협업 모델이 될 수 있다. 협동조합으로 새로운 협업 모델을 만들어보길 바란다. 리스크를 최소화하면서 말이다. 협동조합은 돈도 없고 힘도 없는 창업 희망자들에게 주어진 마지막 기회일지 모른다.

어떤 사람들은 협동조합을 또 다른 형태의 에이전시가 아니냐고 묻기도 한다. 그렇게 생각하면 당연히 협동조합이 제대로 운영되기 어렵다. 협동조합 사무국에서 하자는 대로 하는 것이 협동조합이 아니다. 수익을 낼 일거리를 만들어줘야 움직이는 것이 협동조합인 것도 아니다. 조합원들 스스로가 적극적으로 참여해서 수익을 만들기 위해 노력하는 것이 진정한 협동조합이다. 소극적으로 바라기만 할 바에는 차라리 하지 않는 편이 낫다.

가장 좋은 성과물은 하나의 목표물만 바라보며 전진하는 구성원 간의 끈끈한 결속력에서 나온다. 협업도 협동조합도 이런 면에서는 근본적인 약점을 갖고 있는 셈이다. 하지만 그러한 결속력이 없더라도 구성원 모두가 주인이 되는 공동 사업체라고 생각한다면 협업을 대하는 태도가 달라질 것이다. 내가 참여하는 순간 모든 것이 그 누구의 것도 아닌 바로 내 것이 된다.

INSIGHT REVIEW

- 협업은 새로운 기회를 만들어낸다. 지금이라도 나에게 부족한 부분을 채워줄 수 있는 사람을 찾아보라. 그들과 당신의 비전을 공유하라.

- 고용 관계가 아닌 파트너 관계로 일하기 때문에 협업에는 많은 문제점이 발생한다. 그들과 미래에 대한 비전을 공유함으로써 내 사람으로 만들기 위한 노력이 필요하다.

- 협업은 사람과 사람 사이의 관계를 기반으로 한다. 실력도 중요하지만 믿을 수 있는 사람, 마음이 맞는 사람과 해야 성공 확률 또한 높아진다.

- 법인 설립도 협업을 기반으로 하면 사업 초기에 많은 도움이 된다. 물론 협업이 가능한 사람들을 먼저 만들어야 가능하다.

- 협동조합은 굉장히 이상적인 사업 모델이다. 협동조합을 중심으로 업계의 실력자들이 모인다면 분명 승산이 있는 협업 모델이 될 것이다.

- 협업은 구성원 모두가 주인이 되는 공동 사업체라는 생각으로 임해야 좋은 성과를 얻을 수 있다.

2011년 4월 잘 다니던 회사를 박차고 나와 지금까지 비즈니스를 유지하고 있는 나 자신의 모습을 보고 있자면 대견하다. 한편으로는 아직 안정적인 비즈니스 모델을 구축하지 못하고 집에 가져다줄 한 달 생활비 벌기에 급급해 빠듯하게 사는 현실이 버겁기도 하다. 그러나 비즈니스를 하면서 많은 것을 경험하고 느끼면서 조금씩 성장해가고 있다고 자부한다. 지금 알고 있는 것을 창업할 때도 알고 있었더라면 참 좋았겠지만 한번 흘러간 시간을 되돌릴 수는 없지 않은가? 인생에 정답은 없다. 하지만 인생을 먼저 살아본, 비즈니스를 먼저 해본 사람들의 이야기를 들어본다면 분명 도움이 될 것이다. 마지막 6부에서는 그동안 비즈니스를 하면서 고민하고 느꼈던 것들을 정리하여 창업을 할 때 꼭 알아야 할 것들에 대해 들려주고자 한다.

제6부

성장

창업 후 2년, 무엇을 얻고 어디로 가는가

사업가적인 마인드를 장착하라

● ● ●

직장인뿐만 아니라 사회 진출을 앞둔 대학생, 주부, 중장년층에 이르기까지 거의 모든 연령층의 사람들이 창업을 꿈꾼다. 가히 '창업병'이라 불릴 만하다. 열 번 실패해도 한 번만 제대로 성공하면 밑지는 장사는 아니라고 생각하는 모양이다. 실제로 실패를 거듭해도 계속해서 새로운 사업 아이템을 애타게 찾아다니는 이들도 많다. 취직도 힘들고 마땅히 할 게 없어서일 수도 있겠지만 거의 병적인 수준으로 집착하는 경우도 많다.

앞서 이야기했듯이 창업에 대해 지레 겁부터 먹을 필요는 없다. 그러나 창업이 결코 쉽지 않다는 사실은 분명하게 인지해야 한다. 막연하게 내 사업을 하고 싶다는 생각만으로 시작하는 건 위험하다. 그럼에도 사업가로서의 마인드가 전혀 없는 상태에서 성공 혹은 대박이라는 장밋빛 미래만 바라보고 뛰어드는 경우가 부지기수이니 문제다. 상사의 간섭 혹은 눈치를 피해 창업을 대안으로 택하기도 한다. 다시 한 번 이야기하지만 창업은 도피처가 아니며 그렇게 될수도 없다. 실제로는 직장보다 훨씬 더 냉혹한 세계가 바로 창업의세계다. 비즈니스를 하다 보면 직장이라는 울타리가 그리워질 때가한두 번이 아니다.

사업가는 끊임없이 수익을 낼 아이템을 찾아야 한다. 흔히 사장이가장 두려워하는 날은 매월 월급날이라고들 한다. 1인 기업이나 개인사업자라고 해서 사정은 그리 다르지 않다. 통장에서 카드값 나가는 날은 왜 이리 빨리 돌아오는지 모르겠다. 이렇게 한 달 벌이로 직원들 혹은 식구들 먹여 살리느라 애쓰는 것이 이 시대 1인 기업가나소기업 사장의 자화상이다.

사정이 이렇다 보니 사업가들은 하루도 방심할 수가 없다. 끊임없이 아이템을 찾아다니면서 돈 벌 궁리를 해야 한다. 직원이었던 시절에는 퇴근 이후 회사 일은 외면하면 그만이었지만, 사장에게는 퇴근이란 것 자체가 없다.

솔직히 나 역시 사업가적인 마인드를 완벽히 갖춘 것은 아니다.이건 아이템이나 기획력, 영업력과 같은 그런 능력의 문제가 아니다. 입장에 따라 달라지는 사고방식의 문제다. 한 사업체의 사장으로서 주체적으로 비즈니스라는 것을 해보니, 사람이란 이성적인 듯보여도 철저히 비이성적인 존재라는 사실을 새삼 깨닫게 된다. 아무리 마음 맞는 파트너라 해도 내 마음 같지는 않다. 대표를 맡고 있는사람과 임원으로 참여하고 있는 사람의 마인드는 하늘과 땅 차이다.

반전을 만들어내는 능력

창업을 하게 되면 마인드 자체를 바꿔야 한다. 모든 면에서 자기 비즈니스를 중심으로 움직이고 생각해야 한다. 자신의 생각과 행동을 비즈니스에 집중하지 않고서는 성공할 수 없다. 창업을 했다면 거기에 모든 것을 쏟아부을 준비가 되어 있어야 한다. 지하수를 퍼 올리는 데 쓰이는 펌프는 물을 반 바가지만 넣으면 아무리 열심히 펌프질을 해도 물이 나오지 않는다. 한 바가지를 다 넣어야 물이 나온다. 또한 한 바가지를 다 넣어도 열심히 펌프질을 하지 않으면 물이 나오지 않는다. 창업도 마찬가지다.

간혹 자기 돈은 한 푼도 안 쓰면서 창업을 하려는 사람이 있다. 이들은 사업 아이템을 만들어서 열심히 투자자를 찾아다닌다. 그렇게 해서 투자를 받으면 곧바로 비즈니스를 시작한다. 그런데 문제는 이들의 경우 실패해도 손해 볼 것이 별로 없기 때문에 투자금이 생기면 태도가 가끔 돌변한다는 것이다. 사업 계획서만 거창하게 만들어놓고 실행에 옮기지 못한 채 점점 나태해진다. 결국 애타는 건 투자자뿐이다. 실패하면 다른 사업 아이템을 찾아서 또 다른 투자자를 찾아 나서면 되니 손해는 아니라고 생각하는 모양인데, 언제까지나 이런 식으로 비즈니스를 운영할 수는 없지 않은가? 자기 사업을 제대로 하고자 한다면 자신도 일정 부분 투자를 하고 위험을 감수해야 할 필요가 있다. 그래야 비즈니스가 제대로 돌아간다. 아울러 자신의 사업에 대한 책임감도 커지게 된다. 창업을 남의 돈으로 하는 것이라 생각하는 것은 지극히 잘못된 사고방식이다.

절대적으로 열세거나 확률적으로 도저히 가능성이 없는 경우가 있다. 인생에서 이런 일은 비일비재하며 비즈니스에서도 마찬가지다. 개인적인 일이라면 이런 싸움은 당연히 피하는 것이 상책이겠으나 비즈니스에서는 반대다. 안 될 것 같은 일들을 해내는 것이 사업가가 해야 할 일이다. 반전을 만들어내는 것이 사업가의 능력이다. 이걸 해내려면 사업가의 집념과 열정이 필요하다.

한동안 나는 블로그와이드를 운영하는 데 지나치게 많은 시간을 소비했다. 회원들이 올린 콘텐츠도 관리하고, 체험단을 모집하고, 기사 등의 콘텐츠 업데이트도 내가 직접 했다. 사이트 운영 인력이 없었기 때문에 당연한 일이었다. 하지만 그러다 보면 하루가 금세 다 갔고, 그러는 사이 뭔가 놓치고 있는 것만 같았다. 고민에 고민을 거듭하다 한 가지 결론을 얻었다. 문제는 사이트 일에 지나치게 얽매이면서 정작 내가 하고자 했던 비즈니스에 몰두하지 못했던 것이었다. 숲이 아닌 나무에만 집중하다 보니 추구하고자 했던 더 큰 비전은 놓치고 있었다.

결국 콘텐츠 업데이트는 아르바이트 인력으로 해결하고 체험단 모집 관리는 협업 파트너에게 맡기기로 했다. 블로그와이드 사이트 내의 강의 정보 포털 에듀링크 섹션도 협업 파트너와 함께 운영하기로 했다. 블로그와이드에서 활동하는 기자 회원이 늘어나면서 기사를 작성하는 일도 줄었고, 블로그, 페이스북 등의 소셜미디어 운영 대행 비즈니스도 외주로 돌린 덕분에 나는 좀 더 생산적인 일에 몰두할 수 있게 되었다.

　이렇게 협업과 외주를 활용함으로써 운영 자원을 줄이고 협업 파트너와의 네트워크까지 활용하면서 시너지 효과가 발생하기 시작했다. 혼자서 운영하던 사이트를 여러 사람과 분담하니 아르바이트 인건비와 수익 배분 등으로 내 개인 수익이 조금 줄어들었지만 전체 수익은 늘어나는 이상한 현상이 발생했다. 콘텐츠가 다양하게 자주 업데이트되니 방문자도 자연스럽게 늘어나고 광고 수익 증대로 이어졌다. 덩달아 체험단 영업도 전보다 높은 매출을 올렸다. 혼자만 움켜쥔다고 더 많이 이룰 수 있는 것은 아니었다. 자고로 투자할 때는 투자를 해야 그 이상의 부가가치를 창출할 수 있다.

　나는 지금 사이트 운영보다는 사람들을 만나고 영업하는 일에 집중하고 있다. 다양한 사람을 만나니 과연 새로운 기회가 더 많이 열리고 있다. 비즈니스를 체험단에 국한시키지 않고 신제품 출시와 함께 온라인 유통 전략 수립, 쇼핑몰 구축, 제품 상세페이지 기획 및 제작, 체험단 운영, 바이럴 마케팅, 공동구매, 키워드 광고, 오픈마켓 입점 및 판매 등 온라인 유통 전반으로 확대하여 시장을 공략했다. 체험단만으로는 시장규모가 작다고 판단했기 때문에 체험단에서 온라인 유통으로 사업영역을 넓히는 전략을 수립한 것이다.

　하루 종일 컴퓨터 모니터만 바라보며 사이트 관리에만 치중하는 것이 아니라 내 비즈니스에 더욱 집중하겠다고 결심했기 때문에 이런 일들이 가능했다. 이를 계기로 더 많은 사람들을 만나면서 시장을 좀 더 객관적으로 바라볼 수 있었고 더 많은 인사이트를 얻었다.

만약 사무실에 앉아서 안 되는 건 안 된다고 포기했다면 어땠을까? 이전의 생각의 틀에서 벗어나 새로운 전략을 세울 수 있었을까? 비전에 대한 관점을 되찾고 지금 같은 반전을 이뤄낼 수 있었을까?

간혹 대기업으로부터 제안 프레젠테이션에 참여해달라는 RFP(제안요청서)를 받아도 쟁쟁한 경쟁사들에 대한 부담감, 프로젝트를 수주한다 해도 감당이 안 될 것 같다는 두려움에 지레 포기하는 사람도 있다. 만약 사업가적 마인드가 충만하다면, 반전을 만들어낼 수 있다는 믿음이 있다면 도전을 결심할 것이다. 설령 실패한다고 해도 좋은 경험이 될 수 있으니 말이다. 당신이라면 어떻게 하겠는가?

창업은 외롭고 고독한 일이다. 그런데 창업의 단편적인 모습만 보고 많은 사람들이 동경하기도 하고 평생의 목표로 삼기도 한다. 어설픈 생각만으로 달려들어서는 안 된다. 만약 창업을 준비하고 있다면 철저히 사업가적인 마인드를 가지고 임해야 한다. 당신의 철저한 마음가짐이 당신 주위의 사람들을 행복하게 만든다는 것을 잊어서는 안 된다.

사업을 시작했다면
사업에만 집중하라

● ● ●

사회생활을 하다 보면 유혹이 많아진다. 같이 사업을 하자는 둥, 좋은 수익모델이 있는데 끼워주겠다는 둥, 평생 먹고살 수 있는 사업 아이템이 있으니 투자 좀 하라는 둥, 초기 진입비만 내면 매일 돈이 나오는 다단계가 있다는 둥……. 주위에서 이렇게 많은 제안을 받다 보면 거절하기가 힘든 상황이 발생하기도 한다. 그렇게 되면 울며 겨자 먹기로 제안을 받아들이게 되는데, 이렇게 받아들이는 제안이 나중에는 독이 되어 돌아오는 경우가 허다하다. 왜 그럴까? 싫은데 억지로 하게 되는 경우에는 최선을 다하게 되지 않기 때문이다. 게다가 내 전문 분야라면 모르겠지만 생소한 분야에서는 최선을 다한다고 해도 제대로 된 성과를 내기 어렵다.

사실 이런저런 제안을 받으면 혹하기도 하고 마음도 싱숭생숭해지는 것이 당연하다. 지금 거절했다가 나중에 정말로 대박이 나면 후회하게 될까 봐 마음속에서는 심한 갈등이 생긴다. 기회를 놓치면 안 될 것만 같기도 하다. 이게 기회인지 아니면 위기가 될지 도무지 종잡을 수도 없다.

상황이 이렇다 보니 딱 잘라 끊지 못하고 질질 끌려다니다가 발이라도 걸쳐놓자는 심사로 결국 제안을 받아들일 수도 있다. 그런데 이렇게 발만 걸쳐놓게 되면 이도 저도 아닌 상황이 된다. 자기 사업을 하고 있거나 직장을 다니고 있다면 내 생업에 집중해야 하기 때문에 새롭게 시작한 일에 많은 시간을 할애할 수가 없다. 그런데 걸쳐놓은 일들이 많아지면 내가 집중할 수 있는 시간이 분산된다. 결국에는 생업이든 새로 시작한 일이든 어중간하게 하면서 아무것도 제대로 성취할 수 없는 지경에 이른다.

정말 중요한 건 새로 시작한 일이 정말 잘되더라도 거기에 약간 관여하는 정도로는 제대로 된 이익을 기대할 수 없다는 점이다. 분명 그 일에 모든 것을 걸고 열심히 하고 있는 사람들이 있을 텐데, 뭐가 아쉬워서 그들을 제쳐두고 당신을 대우해주겠는가? 단언하건대 내 시간과 돈, 열정만 분산될 뿐 얻을 수 있는 것이 없다.

선택과 집중의 필요성

'하이 리스크 하이 리턴High risk, high return'이라는 말이 있다. 리스크, 즉 위험부담이 높을수록 얻는 것도 많다는 이야기다. 그런데 우리는 리스크를 줄이기 위해 여러 곳에 자원을 투자하려 한다. 이도

저도 아닌 상황을 스스로 만들어내는 것이다. 그리고 잘될 것 같다고 판단하여 합류했다가도 조금만 어려워지면 오래 버티지 못하고 다른 먹거리를 찾아 떠난다. 물론 능력 있는 사람들은 여러 가지 일들을 벌려놓고 능수능란하게 잘해내기도 하겠지만 평범한 사람에게는 결코 쉽지 않은 일이다.

모든 것을 쏟아부을 각오가 되어 있지 않다면 아예 시작을 말아야 한다. 진심으로 집중하지 않을 거라면 시작도 하지 마라. 조금 관여하는 정도만으로는 아무것도 이뤄낼 수 없다. 그렇기 때문에 선택과 집중이 필요한 것이다.

나에게 2013년이 힘든 한 해였던 이유는 여러 가지가 있지만 이렇게 여기저기 발을 걸쳐놓고 있었던 것이 가장 큰 이유였다. 거절을 제대로 못 하는 성격 탓이기도 하지만 어쩌면 잘될지도 모른다는 막연한 기대감에 비즈니스 제안을 받아들이고 합류를 결정했다. 그러나 앞서 말했듯이 이런 일들은 대부분 단기간에 성과가 나올 수 없다. 그러니 당연히 생계유지를 위해 내가 해오던 일들을 계속해야 한다. 내 일을 계속하면서 새로운 일에 얼마나 집중할 수 있겠는가? 결국에는 애매한 상황이 발생할 수밖에 없다. 모든 유혹을 뿌리치고 원래 내가 하고 있던 일들에 더 집중했어야 옳았다. 내 일도 제대로 되지 않았고 새로 합류했던 일들도 자의 반 타의 반으로 그만둬야 하는 지경에 이르렀으니 말이다.

완전히 집중하지 못할 바에는 자신이 하려는 것에만 집중하는 것이 옳다. 사업을 시작했다면 사업에만 집중하라. 다른 곳으로 돈과 시간, 열정이 분산되면 아무것도 이루어낼 수가 없다. 여기저기에서 달콤한 유혹이 몰려와도 우선은 모두 뿌리쳐라. 만약 정말 잘되면 어떻게 하냐고? 그건 '애초에 내 밥그릇이 아니었다'라고 생각하면 그만이다. 좋은 인연이라면 잘된 후에라도 얼마든지 가치 있고 의미 있는 일들을 함께 해낼 수 있다. 단, 지금 이 순간은 우리가 하고자 하는 바에 집중하자! 거기에 모든 것을 쏟아부어야 성공할 수 있다.

초심을 잃지 않는 것

● ● ●

비즈니스를 하다 보면 처음에는 즐겁고 보람도 있지만 시간이 갈수록 회사를 유지하기가 힘들어진다. 나태해지고 안주하고 싶은 마음이 생길 수 있다. 게다가 회사를 운영해나간다는 것 자체에 부담을 느끼기 시작하면 또다시 현실에서 도망치고 싶어질 정도로 힘에 부친다.

끊임없이 수익을 창출해야 하는 창업의 세계는 고난의 연속이다. 너무나 고단해서 쉬고 싶은 마음이 굴뚝같지만 쉴 수도 없다. 잠깐 방심하고 있으면 또다시 뒤처질 것 같기 때문이다. 게다가 대표로서 챙겨야 할 것이 한두 가지가 아니다. 제대로 하지 않으면 어김없이 문제가 발생한다. 여기저기 신경 써야 할 일도 많다. 경영, 관리, 마케팅, 개발 등등 몸이 열 개라도 모자랄 지경이다. 영수증 챙기는 일까지도 대표가 손수 해야 한다. 특히 1인 기업이나 직원 한두 명 있는 조직에서는 대표가 마당쇠 역할을 자처하고 있다 해도 과언이 아니다.

자기 사업을 하다 보면 시간이 화살처럼 흘러가는 것 같다. 잠깐 한눈팔다 보면 어느새 한 달이 훌쩍 간다. 여유를 갖고 사색을 즐길 시간도 없다. 직원들 월급을 챙겨줘야 한다는 생각에 어떻게 해서든지 매출을 올리기 위해 뛰어다닌다. 이때가 되면 침이 바짝 바짝 마른다. 잠자리에 들어도 압박감 때문에 잠도 제대로 못자기 일쑤다. 직원 없는 1인 기업에게는 카드값 내는 날이 월급날이라 생각하면 이해하기 쉽다. 한 달뿐만 아니라 일주일도 엄청나게 짧다. 직장인이었을 때는 주5일 정시 근무가 당연한 권리였지만 내 사업을 하면 일할 시간도 부족해 하루가 너무 짧다고 불평하게 된다. 이처럼 처지가 달라지면 생각부터 달라진다.

'목표'라는 이정표

비즈니스를 계속하다 보면 몸과 마음은 점점 무기력해지고 불평만 늘어가는 시기가 찾아오기도 한다. 이건 흡사 직장 생활을 할 때의 무기력함 혹은 비슷한 일상의 반복에서 오는 매너리즘과 비슷하다. 사실 직장 생활을 하든 비즈니스를 하든 간에 하는 사람의 마음가짐이 문제이지 본질은 비슷하다.

피할 수 없다면 즐겨야 한다. 어쩌겠는가? 우리 스스로가 선택한 길이다. 이렇게 힘이 들 때는 처음 창업할 때의 설렘을 기억하는 것이 좋다. 무엇보다 초심을 잃지 않으려 노력하는 것이 중요하다. 직장을 그만두고 나올 때의 기분을 떠올려보고 처음 창업할 때의 설렘을 기억한다면 새로운 의욕이 불끈불끈 샘솟을 것이다.

장업할 무렵 비전이나 목표를 정해두면 지치고 무기력해질 때 큰 힘이 된다. 열심히 일을 하다가 갑자기 무기력증에 빠지는 가장 큰 이유는 미래가 불투명하게 보이고 나아가야 할 방향을 제대로 찾지 못하기 때문이기도 하다. 나름의 목표를 세워 기록해두고 방황할 때마다 꺼내보면 많은 도움이 된다. 장기 혹은 단기 목표를 정해보고 'AS-IS(현재의 상황)'와 'TO-BE(이상적 지향점)'를 정리하면 길을 잃고 헤매지 않을 수 있다.

먼저 현재의 상황, 즉 AS-IS를 리스트로 작성하고 현재의 문제점이 무엇인지 분석해보자. 그리고 앞으로 도달하고자 하는 목표, TO-BE를 작성하자. 이렇게 되면 목표에 도달하기 위해 무엇을 해야 하는지에 대한 구체적인 아이디어, 계획, 방법 등을 도출할 수 있다. 도출된 계획과 방법 등을 토대로 단기·장기 전략을 수립하고 하나씩 실행하다 보면 가고자 하는 곳에 도달하게 된다. 이때 전략이 어긋나거나 방향을 잃고 방황하게 된다면, TO-BE로 설정해놓은 이상적 지향점을 보고 전략을 재수립해야 한다. 이상적 지향점을 상기함으로써 비즈니스에 대한 의욕도 되살릴 수 있다.

사업이 늘 현상 유지 수준이어서는 곤란하다. 자꾸 현실에 안주하고 싶어지기 때문이다. 비즈니스맨이라면 끊임없이 새로운 수익모델과 사업 아이템을 발굴해내야 한다. 현재의 수익모델이 영원히 유효할 수는 없다. 현실에 안주하다 보면 벌어놓은 돈은 금방 까먹고

또다시 어려운 시기를 맞게 된다. 결국 끊임없이 고민하고 시도해야 한다. 그것이 이 시대에 사장 혹은 대표로서 해야 할 일이다.

'지치지 마라, 안주하지 마라.' 이렇게 말하는 건 쉽다고 누군가는 말할지도 모르겠다. 그러나 나 또한 이런 시기를 겪어온 경험자이기 때문에 허심탄회하게 이야기할 수 있다. 대표도 사람인지라 쉴 때는 쉬어야 한다. 일과 휴식의 균형 또한 지치지 않고 나아가기 위해 놓쳐서는 안 될 부분이다. 쉴 때 잘 쉬어야 일도 잘할 수 있다. 이것은 진리다. 그 누구도 일만 하면서 살 수 없다. 잠깐의 휴식 혹은 사색도 좋고, 좀 더 여유가 있다면 짧게 여행을 다녀오는 것도 좋다. 가끔 휴식을 가지면서 지나온 길을 돌아볼 여유가 필요하다. 그래야 앞날을 위한 새로운 아이디어도 나오는 법이다. 대신 쉴 때는 확실하게 쉬어야 효과가 있다는 것을 명심해야 한다.

너무 늘어지지만 않으면 된다. 채우는 시기가 있다면 비워내야 하는 시기도 필요한 법이다. 어렵사리 마련한 휴식이 끝나면 곧바로 비즈니스에 전념해야 한다. 그래야 현 상황에 안주하지 않고 다시 달릴 수 있다. 한 회사의 대표로 살아간다는 것이 힘들 때도 있지만, 그래도 인생을 걸어볼 만한 멋진 일 아닌가?

창업 2~3년 내에 위기가 찾아온다

● ● ●

오랜 고민과 굳은 결심 끝에 인생을 통틀어 처음으로 사업을 시작하게 되면 초기에는 신기하리만치 일이 잘 풀린다. 안 되는 일이 없다. 뭐든 거침없이 진행된다. 모든 것이 계획대로 잘 풀리니 기분은 좋지만 한편으로는 내심 불안해지기도 한다. '일이 이렇게 잘 풀리다가 나중에 안 풀리면 어떻게 하지?' 하는 걱정이 앞서기 때문이다. 이것은 과연 기우에 불과할까? 안타깝게도 그런 예감은 거의 맞아떨어진다. 특히 이런 위기는 창업 이후 2~3년 사이에 반드시 찾아온다. 왜 그럴까? 바로 사업 밑천이 바닥나기 때문이다.

대부분의 경우에는 사업을 시작하기에 앞서 많은 준비를 한다. 아무런 준비 없이 당장 오늘 사업을 시작하는 사람은 없다. 정교한 사업 계획서까지는 쓰지 못할지언정 단기간에 어떻게 할 것인지 계획은 세우고 시작한다. 무엇보다 당장에 돈을 벌 수 있는 수익 구조는 만들어놓고 사업을 시작하거나, 아니면 몇 달간은 버틸 자금을 마련해놓고 시작하는 경우가 대부분이다. 그렇기 때문에 사업을 시작하고 한동안은 큰 문제가 생기지 않는다.

　게다가 직장 생활을 하는 동안 축적해놓은 인맥이 있기 때문에 사업을 시작할 무렵에는 많은 도움을 받게 된다. 직장 생활을 하지 않고 바로 창업하는 경우처럼 별다른 인맥이 없더라도 알게 모르게 주변에서 많은 도움을 받게 되는 건 마찬가지다. 이렇게 해서 짧게 1~2년, 길게 2~3년 동안은 큰 어려움 없이 사업을 전개할 수 있다.

　문제는 그다음부터. 창업 후 1년쯤 지나면서 갑자기 상황이 돌변하기 시작한다. 상담 문의가 뚝 끊기고 일이 줄어든다. 그동안 호의적이었던 사람들도 점점 성과를 따지기 시작한다. 기존 고객들과도 재계약에 실패하면서 애를 먹을 수 있다. 그나마 있던 인맥이라는 사업 밑천이 바닥나는 것이다. 인맥이 고갈되면 그때부터 문제가 발생하고 위기가 찾아온다. 지인들이 처음 한두 번은 도와줄 수 있을지 몰라도 언제까지나 선심을 쓸 수는 없다. 그때부터는 맨몸으로 진정한 무한 경쟁 사회로 뛰어들 수밖에 없는 것이다.

　물론 모두가 이런 길을 걷는 것은 아니다. 이건 어쩌면 일어날 수도 있는 가상의 시나리오일지 모른다. 하지만 주변 사업가들과 이런 이야기를 나눠보면 거의 대부분이 이 시나리오의 가능성에 대해 공감한다. 물론 나 또한 이런 상황을 피할 수 없었다.

진짜 비즈니스가 시작된다

지금 생각하면 정말이지 아찔하다. 사업을 시작하고 처음 2년여 간은 아주 괜찮았다. 블로그, 페이스북 운영 대행과 같은 대행 사업, 소셜비즈니스 자문과 같은 컨설팅 사업이 매달 끊이지 않고 이어졌다. 이런 기업 활동과 병행하여 도서 출간, 강연, 칼럼과 같은 개인 활동이 더해져서 직장 생활을 할 때보다 훨씬 나은 생활을 할 수 있었다. 그런데 1년 6개월에서 2년이 지나갈 무렵부터 정말 신기할 정도로 수입이 뚝 끊겼다.

잘나갈 때 미래를 대비하지 않은 탓이었던 셈이다. 이런 일을 겪지 않으려면 일이 있을 때 안정적인 수익 구조를 만들기 위해 노력하거나 새로운 고객을 발굴해야 한다. 이것이 말로는 쉬워도 현장에서 일하다 보면 참 어렵다. 특히 사업을 하고 있는 와중에는 당장 눈앞의 일만 보이기 때문에 미래를 준비하기가 쉽지 않다. 그리고 현재의 상황이 언제까지나 지속될 것 같은 막연한 낙관주의도 한몫한다. 위기가 보이기는 하는데 어떻게 해야 할지 몰라 난감한 경우도 많다.

일이 많을 때 다음 먹거리를 찾아 나선다는 것이 쉽지는 않다. 하루 종일 업무에 시달리다 보면 앞으로의 일은 생각할 틈도 없다. 급히 처리해야 할 일, 미뤄왔던 일, 사이트 관리와 같이 매일 해야 하는 일 등의 업무를 처리하다 보면 퇴근 시간이 되기도 전에 심신이 지치기 마련이다. 그만큼 자기 사업이라는 것 자체가 여유가 없는 빠듯한 일상의 연속이다. 이렇게 바쁜 일상 속에서 다음 먹거리를 찾아야 하니 쉬울 수 있겠는가? 그럼에도 1년 후에 굶지 않으려면 부지런히 찾아다녀야 한다. 이게 사업이라는 녀석의 실체다.

그런데 '위기가 기회'라는 말이 여기에서도 절묘하게 맞아떨어진다. 이때부터 진짜 비즈니스가 시작되는 것이다. 이때부터는 돈이 되는 일을 열심히 찾아다니면서 위기를 극복해야 한다. 나도 어려운 시기에 홈페이지나 쇼핑몰 구축을 해주면서 위기를 넘겼다. 예전 같으면 쳐다보지도 않았던 저예산 프로젝트까지도 일단 하고 봤다. 사업이 잘나가고 있을 때 다음을 준비해야 한다는 사실을 뼈저리게 절감하면서 말이다. 앞으로 해야 할 일에 대해서, 미래를 위해서 끊임없이 고민해야 하는 것이 바로 사업이라는 녀석을 길들이는 방법임을 잊지 않기를 바란다.

위기가 왔을 때는
가장 잘할 수 있는 것을 하라

● ● ●

창업 후 1년간은 어떻게든 버텨내는 것이 어렵지 않지만 그 시기가 지나면 위기는 분명히 온다. 누구나 자신의 앞날에 위기가 없기를 바라지만 위기는 미리 경고하고 오지 않는다. 그 위기를 슬기롭게 극복한다면 롱런할 수 있을 것이요, 그러지 못하면 단명하게 되는 운명에 내몰릴 수밖에 없다.

이런 위기의 순간을 맞았을 때 우리는 어떻게 대처해야 할까? 사실 정답은 없다. 누구에게나 위기가 있을 것이고, 그것을 극복하는 방법도 각자 다를 수 있기 때문이다. 한 가지 확실한 것이 있다. 바로 위기의 순간에는 자기가 가장 잘할 수 있는 일을 해서 극복해야 한다는 사실이다.

우리는 하고 싶은 일을 해야 행복한 삶을 살 수 있다. 때문에 하고 싶은 일을 하기 위해 살아야 한다. 하지만 위기의 순간이 오면 하고 싶은 일은 잠시 제쳐두고 가장 잘할 수 있는 일이 무엇인지를 상기하여 그것에 집중해야 한다. 잘할 수 있는 일에 집중하게 되면 일단 머리도 복잡하지 않고 무엇보다 수익이 나기 시작한다. 사업 실패로 생긴 몇십 억의 빚을 구두닦이로 갚은 사람이 있는가 하면, PC방 인테리어 사업으로 경제적 위기를 극복한 사람도 있다. 위기의 순간에 자신이 가장 잘할 수 있는 일을 찾아 극복해낸 사례라고 볼 수 있다. 당신이라면 이런 난관을 어떻게 극복하겠는가?

위기의 순간이 왔을 때 나도 수많은 번민의 나날을 보냈다. 이 난관을 어떻게 헤쳐나가야 할지 아무리 고민을 해봐도 뾰족한 수가 없었다. 오히려 고민을 할수록 깊은 수렁으로 빠지는 것만 같았다. 무언가 좋은 아이디어가 떠오를 듯, 무언가 좋은 해결책이 잡힐 듯하다가 결국에는 원점으로 돌아오기를 반복했다. 머리만 아프고 술 생각만 간절했다.

그때 생각했다. 기본으로 돌아가자! 막상 그렇게 결론을 내리고 나니 내가 할 수 있는 일들이 명확해졌다. 내가 할 수 있는 일들, 잘할 수 있는 일들 말이다. 내가 할 수 있는 일들을 목록으로 정리하고 당장 할 수 있는 일들을 찾아봤다. 그랬더니 결국 글쓰기와 강의가 지금의 내게 도움이 될 거라는 결론이 나왔다. 그래, 내가 왜 이걸 미처 생각하지 못했단 말인가? 비즈니스에 대해 세상과 소통하는 것이 내가 가장 잘할 수 있고 가장 자신 있는 분야였는데, 눈앞의 수익만을 좇다 보니 까마득히 잊고 있었던 것 아니었을까? 그래서 위기의 순간에 책을 쓰기로 마음먹었다.

책뿐만 아니라 칼럼도 다시 쓰기 시작했다. 비즈니스가 바빠지면서 블로그에 거의 신경을 쓰지 못했지만 기본으로 돌아가 블로그에 글을 쓰기 시작했다. 또한 블로그와이드에도 신경 써서 기사를 썼다. 그랬더니 사보를 비롯한 언론 매체, 기업 블로그 등에서 칼럼 의뢰가 들어왔다. 칼럼이 몇 개 나가고 난 후에는 끊겼던 강의도 조금씩 들어오기 시작했다. 한국방송통신대학교에서는 파워블로그를 주제로 동영상 강의를 촬영하기도 했다. 다시 일이 조금씩 생기는 걸 보니, 그간 너무 활동을 하지 않았기 때문에 윤상진이라는 사람이 세상에서 잊혀지고 있었던 것이 아니었을까 하는 생각이 들기도 했다.

자신감을 되찾기 위한 해결책

내가 잘할 수 있는 일들에 집중하니 나의 회사일도 풀리기 시작했다. 체험단 마케팅이나 소셜마케팅 프로젝트도 수주하여 안정적인 수익원을 확보했다. 소셜미디어 마케팅 대행을 맡으면서부터는 매달 안정적인 수익이 발생하기 시작했다. 월간 대행비는 적지만 그래도 장기 계약을 체결해서 매월 고정적인 수익원을 확보할 수 있게 되었기 때문에 한숨 돌릴 수 있었다. 여기에 새로운 인터넷 언론사를 시작하면서 좌초 위기에 있던 비즈니스도 본래의 궤도로 돌아오기 시작했다.

물론 그렇다고 닥쳐왔던 위기가 다 끝난 것은 아니다. 대표로 살아가는 것 자체가 위기의 연속이다. 언제 또 위기가 올지 모른다. 하지만 다음 위기 때는 이번처럼 속수무책으로 당하지 않을 자신이 생겼다. 내가 잘할 수 있는 일에 집중하면 되기 때문이다.

갑자기 힘든 일이 닥치면 우왕좌왕하면서 어떻게 해야 할지 갈피를 못 잡는다. 여기도 찔러보고 저기도 찔러보다가 안 되면 절망감에 휩싸여 좌절하게 된다. 하지만 너무 많은 고민을 할 필요가 없다. 단순함이 최고의 해결책이 될 수 있다. 위기가 왔을 때 새로운 뭔가를 만들겠다 생각하지 말고 내가 잘할 수 있는 일이 무엇인지를 먼저 고민해보자. 그리고 거기에 온 힘을 쏟다 보면 위기도 자연스럽게 물러나게 되어 있다. 위기가 오게 되면 의기소침해질 수 있기 때문에 자신감을 되찾는 일도 중요하다. 내가 잘하는 일에 집중하는 것은 자신감 회복에도 도움이 된다.

위기를 슬기롭게 극복하고 나면 전투력이 생기고 맷집도 세져서 비슷한 상황이 또 닥쳐도 쉽게 흔들리지 않는다. 이렇게 위기도 겪고 극복하기도 하면서 우리의 비즈니스는 성장해가는 것이다.

회사의 규모를 키우고
직원을 채용할 때 알아야 할 것들

● ● ●

법인法人은 하나의 인격체다. 법인은 만드는 것보다도 없애는 과정이 더 복잡하다. 하나의 생명체라고 할 수 있는 것을 없애는 일은 쉽게 할 수 없는 법이다. 이는 개인사업자의 폐업과는 다르다. 따라서 법인을 만들 때는 굉장히 신중해야 한다.

개인사업자는 대표 한 사람의 소유이지만 법인은 주주 모두의 소유다. 그래서 주식회사라 부른다. 물론 주주 모두의 소유라 해도 대주주가 절대 권력을 행사할 수는 있다. 회사의 규모, 업종, 분야에 따라 개인사업자가 유리할 수도 있고 법인이 유리할 수도 있다. 그럼에도 회사 규모가 커지고 매출이 많아지면 법인으로 전환을 해야 한다. 특히 외부에서 투자를 받으면 주식을 증여하거나 증자를 해야 하기 때문에 법인은 필수이다.

법인은 한편으로 위험이 크다. 비즈니스가 잘되면 좋겠지만 그렇지 않을 경우에는 대표이사의 책임이 막중하다. 임금이 체불되면 법적 절차를 거쳐 대표이사의 재산을 압류할 수도 있다. 하지만 개인사업자에 비하면 책임이 큰 것이 아니다. 개인사업자는 대표가 모든 책임을 져야 한다. 물론 개인사업자는 대체로 회사 규모가 작은 편이기 때문에 그 책임의 규모 또한 작을 수밖에 없다.

돈이 벌리는 시스템을 만들기 위해서는 법인이 필요하다. 왜일까? 우선 뜻이 맞는 창업자들과 파트너십을 갖고 함께할 수 있다. 개인사업자는 대표가 모든 책임과 의무를 동시에 짊어질 수밖에 없지만 법인은 공동 창업자 혹은 주주들과 무거운 짐을 나눠 가질 수 있다. 내 것이니까 내가 다 가지겠다고 생각하면 비즈니스는 성장하지 않는다. 오히려 시간이 지날수록 침체된다. 정말 멋진 아이템이 꽃 한번 제대로 피우지 못하고 시들어가기보다는 잘돼서 두루 나누는 것이 더 좋지 않겠는가? 내 것을 많은 실력자들과 공유하고 함께 키워나간다면 규모의 경제에 도달할 수 있고 더욱 크게 성장시킬 수 있다.

'다름'이 이끌어내는 시너지 효과

법인을 설립하고 비즈니스를 진행하면 구성원들의 힘을 이끌어내는 것이 중요하다. 회사의 대표가 모든 일을 다 처리할 수는 없다. 일을 할 사람들을 뽑고 그들에게 일을 맡겨야 한다. 일을 맡긴다는 것은 매출까지도 책임진다는 의미가 된다. 일을 맡은 직원들은 어느 정도의 매출은 책임지고 달성해야 한다. 누군가는 돈은 대표가 벌어오는 것이 아니라 직원들이 벌어오는 것이라고 우스갯소리로 말하기도 한다. 그런데 이것이 그저 우스갯소리만은 아니다. 회사 대표들이 가장 바라기는 하지만 현실적으로 잘 이루어지지 않는 부분이기 때문이다.

법인이 잘되기 위해서는 구성원의 힘을 이끌어내기 위한 다양한 장치들을 마련해야 한다. 일을 열심히 할 수 있도록 동기를 부여해야 하고 개인의 능력을 개발하고 향상시킬 수 있도록 지원해야 한다. 이렇게 직원들을 대우하고 일을 열심히 할 수 있도록 유도하면 그에 대한 보답이 매출로 돌아온다.

법인으로 돈을 버는 시스템을 만들기 위해서는 직원들이 스스로 일을 찾아서 하도록 이끌고 수익을 창출할 수 있게끔 환경을 마련해주는 것이 무엇보다 중요하다. 이런 시스템을 직원들이 스스로 만들 수는 없다. 수익 창출 시스템은 구성원이자 공동 창업자와 다름없는 직원들과 사장이 함께 노력하여 만들 수 있는 것이다. 돈이 벌리는 시스템 덕에 직원을 채용할 수 있는 것이기도 하다. 시스템을 만들고, 이후로도 그것을 더욱 발전시킬 수 있는 직원들을 채용하여 일을 맡긴다면 매출은 자연스럽게 늘어날 수 있다. 물론 직원들 월급 주고도 남을 정도는 벌어야겠지만 말이다. 이렇게 시스템이 안정된 사이클을 갖추고 돌아가기 시작한다면 대표도 커피 한잔의 여유와 함께 다음 사업 아이템을 구상하는 호사를 누릴 수 있다.

공동 창업자나 내부 직원은 성향이나 능력이 다양한 편이 좋다.

그래야 시너지가 날 수 있다. 잠깐이었지만 내가 직원을 두고 체험단 마케팅에 전념한 시기가 있었다. 그때 직원으로 지원한 사람 가운데 한 명이 책을 쓴 저자이기도 하고 오랫동안 블로그 마케팅 대행도 한 경력이 마음에 들어서 채용하기로 결정했다. 그런데 예상 외로 이 친구의 성향이나 능력이 나와 너무 비슷하다는 데서 문제가 생겼다. 밖에 나가서 열심히 영업을 해야 신규 계약을 성사시킬 수 있는데, 나도 그렇고 직원도 그렇고 영업할 생각은 안 하고 컴퓨터만 들여다보고 있었던 것이다. 사람을 잘 뽑는 것도 실력이라고 하는데 내 연륜이 미천했다. 나와 성향이 너무 비슷한 사람을 뽑다 보니 시너지는커녕 위기를 자초한 셈이었다. 물론 그 직원의 능력이 모자라거나 성품에 문제가 있다는 것은 절대 아니다. 다만 나에게 당장 필요한 사람이 아니었을 뿐이다. 나에게 정말로 필요한 사람, 나에게 부족한 업무 능력을 가진 사람을 뽑았어야 했는데 성향이나 생각이 비슷해서 대하기 편할 것 같다는 이유로 선택한 것이 잘못이었다.

그러므로 현재 회사에서 가장 절실히 필요한 능력이 무엇인지를 파악하고 적임자를 찾아야 직원 고용에서의 실패를 줄일 수 있다. 그냥 좋아하는 사람 둘이 모여 함께 일을 한다고 시너지가 일어나는 것은 아니다. 서로의 부족한 부분을 채워줄 수 있어야 시너지가 생긴다. 직원을 뽑을 때는 이런 점을 참고하라. 나와 성향이 잘 맞는 사람인가도 중요하지만 회사에 필요한 능력을 갖췄는가를 고려하여 사람을 뽑아야 성공에 더 가까워질 수 있다.

법인을 운영하면서 주의할 것

그런데 각자 성향이 다르고 재능도 다른 사람들과 한 몸이 되어 일한다는 게 생각만큼 쉬울까? 쉽지 않다. 규모가 어느 정도 갖춰져 있고 구성원도 많은 조직이야 새롭게 합류하는 직원이 회사에 맞추면 되지만, 새롭게 시작하는 회사는 모든 구성원들이 서로 맞춰가는 공동의 노력을 기울여야 한다. 각기 다른 구성원들을 하나로 결집하기 위해서는 지속적인 교류를 통한 공감대 형성이 필요하다.

법인을 하면서 재정적으로 주의할 점도 있다. 법인을 시작하면 일단 고정비가 많아진다. 회사 운영에 들어가는 비용이 늘어나니 그만큼 매출도 늘어나야 한다. 법인도 하나의 인격체이기 때문에 연봉이 있다. 직원이 다섯 명인 법인이라도 회사 유지비를 제외하고 사람 한 명 인건비 정도는 법인의 몫으로 남겨놔야 한다. 그래야 법인도 독자적으로 살아갈 수 있다.

법인을 통해 회사의 외형을 키우는 노력도 필요하다. 사실 법인이라는 기업 형태가 더 많은 비즈니스 기회로 이어질 수도 있다. 정부에서 추진하는 프로젝트에 입찰 참여하거나 대규모 프로젝트를 수주하기 위해서도 법인이 필요하다. 이런 규모의 프로젝트에 참여를 신청할 때는 번듯한 재무제표는 기본이거니와 프로젝트 수행 경험, 자본금, 기업신용등급, 직원 수 등의 회사 규모가 매우 중요하다. 최소한의 입찰 조건을 맞추지 못하면 입찰할 자격조차도 주어지지 않는다. 게다가 기업신용등급이 떨어지면 평가에서 불이익을 당한다. 나의 경우 안양시청 소셜미디어 운영대행사를 선정하는 사업에 입찰하기 위해 며칠을 고생해서 완성한 제안서와 제출 서류를 준비해 안양시청에 방문한 적이 있다. 그러나 입찰 조건에서 단 하나가 부족하다는 이유로 제안서 제출도 하지 못하고 돌아서야 했다. 이러한 좌절을 겪지 않기 위해서라도 법인을 할 필요는 있다. 개인사업 자일 때와는 또 다른 차원의 기회가 생길 수도 있으며 이런 경험이 회사를 성장시키는 데 도움이 된다.

법인을 운영하면서 부채를 너무 무서워할 필요는 없다. 개인사업 자는 부채가 고스란히 대표의 부채가 되지만 법인은 부채도 법인이 책임져야 한다. 법인을 통해 빚을 내서 사업하는 것도 한 방법이다. 물론 부채가 지속적으로 늘어나면 서서히 가라앉는 배처럼 침몰할 수 있으니 주의해야 하지만, 어느 정도의 부채는 감수하면서 비즈니스를 해야 한다. 감당할 수 있는 정도를 정해놓고 그 안에서 활용하면 된다. 이러한 사업 수완도 대표의 중요한 덕목 중 하나이다.

법인이 되면 개인사업자로는 생각할 수 없었던 많은 길들이 보이기 시작한다. 나는 글쓰기나 강의와 같은 개인 활동과 비즈니스를 병행했기 때문에 법인으로 전환할 생각을 많이 하지는 않았다. 그러나 비즈니스를 제대로 성장시켜 나가기 위해서는 법인으로 가는 것이 옳다고 본다. 법인으로 돈이 벌리는 시스템을 만들어낸다면 내실을 다지면서 회사의 외형을 키우는 꿈을 이루는 것도 시간문제이다.

사람을 버는 기업가

· · ·

창업을 하고 그간 많은 고민이 이어졌다. 직장 생활을 할 때는 회사에서만 스트레스를 받으면 끝이었지만 내 사업을 시작하면서 퇴근 후는 물론 잠자리에 들어서도 머리가 아팠다. 뭔가 잡힐 듯 하면서 안 잡히니 몹시도 괴로운 나날이었다. 와이드커뮤니케이션즈의 주력 비즈니스 모델은 인터넷 언론 사이트 블로그와이드 운영, 체험단 마케팅, 소셜마케팅 등이다. 그런데 이러한 일들이 지속적으로 성장하지 않고 정체되어 있다는 생각을 지울 수 없었다. 왜 계속해서 눈에 띄는 성장을 이뤄낼 수 없는 걸까?

얼마 전 이 문제에 대한 답을 어렴풋하게나마 찾을 수 있었다. 페이스북에서 지인이 공유한 글을 보고 나는 정신이 번쩍 들었다.

장사는 돈을 버는 것이다.

사업은 돈 벌어줄 사람을 버는 것이다.

기업은 돈 벌어줄 사람을 버는 시스템을 버는 것이다.

이 글을 보고서야 깨달았다. 나는 '사업'을 하고 있었던 것이 아니라 '장사'를 하고 있었던 것이다. 왜 이렇게 되었을까? 위험을 너무두려워했기 때문이다. 사무실을 얻는 것도 직원을 채용하는 것도 결국 위험, 즉 리스크다. 그 리스크를 최대한 줄이려고 애쓰면서 지금까지 버텨왔다. 하지만 이런 식으로는 계속해서 현상 유지만 간신히할 뿐 그 이상 성장하기가 어렵다.

다시금 말하지만, 비즈니스를 하는 사람은 비즈니스 마인드를 가져야 한다. 노련한 비즈니스맨, 사업가라 불리는 사람들은 이러한마인드가 투철한 사람들이다. 이들은 사업 수완이 매우 뛰어나다.투자해야 할 때는 과감하게 투자한다. 1천만 원을 투자해서 그 이상벌면 그만이라고 생각하는 사람들이다. 또한 상황 판단이 빠르고 사람을 잘 볼 줄 안다. 이 사람이 내게 원하는 게 무엇인지, 내가 상대에게 얻을 수 있는 게 무엇인지 빠르게 파악하고 협상을 주도한다.직원이나 협력사들을 자기 의도대로 이끌 수 있는 수완 역시 뛰어나다. 이런 사람들의 돈 버는 능력은 타의 추종을 불허한다.

창조적으로 파괴하는 기업가 정신

사실 사업가도 답은 아니다. 잠깐 주위를 돌아보면 사업가는 주위에 널려 있다. 그러나 그들 중 대다수는 미래에 대한 비전이 부족하거나 사회 공헌에는 인색하다. 궁극적으로 우리는 '사업가'가 아닌 '기업가'가 되어야 한다. 기업가에게는 미래를 예측할 수 있는 통찰력과 새로운 것에 과감히 도전하는 혁신적이고 창의적인 정신이 필요하다. 기업가 정신은 기업의 본질인 이윤 추구와 사회적 책임의 수행을 위해 기업가가 마땅히 갖추어야 할 자세를 의미한다. 경제학자인 슘페터Joseph Alois Schumpeter는 새로운 생산 방법과 새로운 상품 개발을 기술 혁신으로 규정하고, 기술 혁신을 통해 '창조적 파괴creative destruction'에 앞장서는 기업가를 혁신가라고 보았다.

우리는 혁신을 통해 창조적 파괴에 앞장서는 기업가 정신을 바탕으로 돈 벌어줄 사람을 버는 시스템을 벌어야 한다. 단번에 이룰 수는 없는 일이다. 어쩌면 비즈니스를 하면서 조금씩 해내야 할 일일 것이다. 하지만 아무것도 모른 채 가는 길보다는 알고 가는 길이 훨씬 쉬운 법이다. 이 길이 아닌가 보다 하고 오던 길을 다시 돌아가는 것보다 어렴풋하게 멀리 보이는 길이라도 비전을 두고 한 걸음씩 나아가는 것이 중요하다. 이러한 과정을 통해서 사업에 대한, 아니 기업에 대한 나만의 지향점이 생기고 철학이 생기게 된다. 우리에게는 세상을, 인생을, 사업을, 그리고 기업을 좀 더 넓게 볼 수 있는 안목이 필요하다.

물론 당장의 생활비를 어떻게 조달할지부터 걱정하는 사람에게는 배부른 소리처럼 들릴 것이다. 여기에도 일종의 단계는 있는 듯하다. 당장 먹고살기 위해 돈을 버는 단계, 탄탄한 비즈니스 모델을 만드는 단계, 비즈니스 모델이 탄탄해져서 뭔가 새로운 아이템을 찾아야 하는 단계, 회사 조직이 자연스럽게 굴러가면서 매출을 만들어야 하는 단계 등을 만들어놓고 그 단계별로 목표를 설정하는 것도 좋은 방법이다. 중요한 건 어떤 지향점과 철학을 갖고 비즈니스를 운영하는가이다.

우리는 좋은 기업가가 되기 위해 노력해야 한다. 장사가 아닌 사업을 해야 하고, 사업가가 아닌 기업가가 되어야 한다. 진정한 기업가가 되면 돈이 벌리는 시스템이나 구조는 자연스럽게 생성된다. 남은 것은 좋은 기업으로 키우기 위해 정진하는 것이다.

- 창업을 준비하고 있다면 철저히 사업가적 마인드를 가지고 임하라.

- 비즈니스를 위해서는 계속해서 새로운 수익모델과 사업 아이템을 발굴해야 한다. 그 끊임없는 투쟁의 결과가 당신의 10년 후 모습을 결정한다.

- 모든 것을 쏟아부을 각오가 되어 있지 않다면 아예 시작을 하지 마라.

- 창업 이후 2~3년 사이에 위기는 반드시 찾아온다. 창업 초기에 잘나간다고 방심하지 말고 미래를 준비해야 한다.

- 위기의 순간 내가 가장 잘할 수 있는 일이 무엇인지 고민하라. 자신의 장점에 집중하면 위기 탈출의 실마리를 찾을 수 있다.

- 법인으로 돈이 벌리는 시스템을 만들어낸다면 내실을 다지면서 회사의 외형을 키울 수 있다.

- 우리는 미래의 지향점을 좋은 기업 만들기에 두어야 한다. 장사가 아닌 사업을 하고, 사업가가 아닌 기업가가 되어야 한다.

"지금 행복하지 않다면 뭔가 잘못된 것이다."

누군가 내게 꿈이 뭐냐고 원초적인 질문을 해오면 나는 '행복하게 사는 것이 꿈'이라고 대답하곤 한다. 사람이 인생을 살아가는 데 행복 이상의 가치가 또 있을까? 아무리 돈과 권력, 명예가 주어져도 행복하지 않다면 무의미하다.

국어사전에서는 '생활에서 충분한 만족과 기쁨을 느끼어 흐뭇함, 또는 그러한 상태'를 '행복幸福'이라 정의하고 있다. 하지만 행복의 조건은 사람마다 다르다. 아침부터 저녁까지 뼈 빠지게 일해도 가족들과 따뜻한 밥 한 끼 먹으면 그게 행복이라 생각하는 사람들도 있고, 무조건 돈이 많아야 행복하다고 하는 사람도 있다. 또 유명해져야 행복하다고 하는 사람도 있을 것이다. 행복을 느끼는 조건이 모두 다르기 때문에 어떻게 해야 행복한 삶을 살 수 있다는 식의 이야기는 하지 않겠다. 다만 지금 이 순간 당신은 행복한 삶을 살고 있느냐고 묻고 싶다.

아마도 대부분의 사람들은 '나는 행복하다'라고 선뜻 대답하지 못할 듯하다. 나도 마찬가지다. 나의 행복 기준으로 보면 지금은 사실 불행한 상태에 가깝다. 나의 비즈니스를 하기 위해 독립한 것은 돈을 많이 벌기 위해서라기보다는 내가 하고 싶은 일을 하면서 여유롭게, 즐겁게 살기 위해서였는데 현재 그러지 못하고 있기 때문이다. 오히려 '한 달 살이'라 불러도 좋을 만큼 한 달 벌어 한 달 살 정도로 치열하게 돈을 벌어야 하는 상황이다. 게다가 지난해 상반기에는 매출이 많이 떨어져서 위기를 겪었다. 이렇게 매달 쪼들리면서 살다 보니 1년간의 시간이 순식간에 지나가버린 느낌이다. 시간이 이렇게 빨리 지나간 적은 내 평생을 통틀어 없었던 것 같다. 과연 나는 무엇을 위해 치열한 생존 게임이 펼쳐지는 비즈니스 세계에 뛰어들었나 하는 회의가 들기도 했다.

비즈니스를 하는 이유는 일단 돈을 벌기 위해서이다. 먹고살자고 하는 일이지만 행복하기까지 하다면 얼마나 좋겠는가? 그러나 이 시대에 비즈니스를 하는 사람들 중에 얼마나 많은 이들이 행복하다고 할 수 있을까? 왜 이 힘든 비즈니스를 해야 하는지 명분이 서지 않는다.

내가 하고 싶은 것만 한다면 나는 지금 당장 행복할 수 있을지 몰라도 가족들은 고통받을 수 있다는 점을 기억하라. 나야 하고 싶은 일을 한다는 명분이라도 있겠지만 가족이 무슨 죄인가? 고백하건 대, 매출이 뚝 떨어졌을 때 가져다줄 돈이 없어서 집에 들어갈 엄두 가 안 난 적이 한두 번이 아니었다. 그래도 마땅한 대안이 없어서 일단 버티기는 했다. 아내는 다시 취직을 하라고 성화였지만 그럴 수도 없는 노릇이었다. 가정은 점점 파탄으로 치닫고 있었다. 참 힘 든 시기였다. 하지만 버티고 노력하다 보니 새로운 일들이 만들어져 지금은 안정을 찾아가고 있다. 이런 삶을 보고 행복하다 말할 수 있 을까?

자신의 내면을 돌아보았을 때 행복하지 않다는 이유만으로 잘나 가던 광고대행사를 그만두고 환경디자인을 공부해 제2의 인생을 살 고 있는 지인이 있다. 국민대 교수이자 행복한생명그린대학 학장인 왕종두 교수이다. 그와는 국가직무능력표준NCS 개발전문위원으로 함께 참여한 정부 프로젝트를 계기로 친해져서 인생과 비즈니스에 대해 많은 이야기를 나눴다. '지금 행복하지 않다면 무언가 잘못되 었다'라는 것이 그의 지론이다. 왕종두 교수는 회사를 운영하는 동 안 매일같이 엄청난 스트레스와 중압감을 받아가면서 버텼지만 끝 이 보이지 않더란다. 몇 년 고생하고 나면 상황이 좋아지겠지 했지 만 나아질 기미가 보이지 않았고, 남은 평생을 이렇게 각박하게 살 아야 하나 싶어 번민에 사로잡혔다고 한다. 그래서 그는 과감하게 회사를 정리하고 다시 공부를 시작하여 대학교수로 새로운 삶을 시 작했고, 제주도에 대안학교 행복한그린생명대학을 설립하여 후학 양성에 힘쓰고 있다. 그는 보험도 다 끊었단다. 미래에 어떻게 될지

모를 일을 위해 지금 허리띠를 졸라매면서까지 돈을 쏟아붓고 싶지 않다는 것이다. 그 말에 나는 고개가 절로 끄덕여졌다.

미래의 행복을 위해 지금 당장의 불행은 참을 수 있다고 생각하는 사람도 있을 것이다. 하지만 그렇게 고생만 하다가 인생이 다 끝날 수도 있다. 비록 돈은 많이 못 벌더라도 시간적으로 여유 있게 살면서 씀씀이를 조금 줄이면 훨씬 행복한 삶이 되지 않을까?

물론 모두가 이렇게 살아야 한다는 이야기를 하려는 것은 아니다. 요점은 모든 사람들의 행복에 대한 조건은 저마다 다르다는 것이다. 일을 많이 해야 행복을 느끼는 사람, 새로운 일들을 많이 만들어내야 행복한 사람, 높은 자리에 오를수록 행복을 느끼는 사람, 회사 매출이 늘어날수록 행복을 느끼는 사람 등 그 유형도 다양하다.

어떻게 해야 행복해질 수 있을까? 우선 자신이 '행복하다'라고 느끼는 조건에 대해 생각해볼 필요가 있다. 여유로운 삶을 살아야 행복하다면 그에 맞는 계획을 세우면 된다. 돈을 많이 벌어야 행복하다면 또한 그에 맞는 계획을 세우면 된다. 계획을 세우고 착실히 준비하여 하나씩 실행한다면 분명 행복한 삶을 살아갈 수 있다.

당신은 행복의 조건이 무엇이라고 생각하는가? 그냥 흘러가는 대로, 닥쳐오는 대로 살지 말고 나에게 행복이란 무엇인지 고민해보고 그 행복을 추구해가기를 바란다. 만약 창업을 하면서 겪어야 하는 스트레스와 중압감을 모두 감수하면서 행복하게 살 자신이 있다면 당장 비즈니스 세계에 뛰어들어라. 당신은 그렇게 살 운명이니 말이다. 건투를 빈다. 부디 나중에 후회하지 않을 선택을 하길 바란다. 아무쪼록 이 책을 읽는 이들 모두 행복한 삶을 살아가기를 진심으로 기원한다.

창업하여 나의 비즈니스를 2년 넘게 하면서 하고 싶은 말들이 아주 많았다. 나는 이 책을 통해 내가 경험하고, 느끼고, 고민하고, 깨달은 바를 좀 더 많은 사람들에게 알리고 싶었다. 그리하여 머릿속에 있던 생각들을 꾸준히 정리하고 발전시켜 결국 책 한 권으로 완성할 수 있었다. 잠깐잠깐 스치는 생각들도 놓치지 않고 이 책에 다 담았고, 내가 사랑하는 블로그나 페이스북에도 다루지 않고 꼭꼭 숨겨둔 창업 경험담을 모조리 펼쳐놓았다. 개중에는 자랑스러운 이야기도 있지만 부끄러운 실패담도 적지 않다.

나는 아직 성공한 사업가라고 할 수 없다. 성공한 기업가는 더더욱 아니다. 냉혹한 비즈니스 세계에서 보면 아직 걸음마를 뗀 초짜일 뿐이다. 이 책에 찬란한 성공담을 쓸 수 있었으면 좋았겠지만 그러지 못해 아쉬운 마음이 드는 것도 사실이다. 하지만 이런 분투기가 오히려 큰 성공을 거둔 이야기보다 지금 이 순간 비슷한 고민을 하고 있는 수많은 사람들과 더 큰 공감대를 형성할 수 있지 않을까 기대해본다. 이것이 내가 이 책을 쓸 수밖에 없었던 이유이기도 하다.

끝으로 어려운 살림살이에도 불구하고 남편의 꿈을 위해 희생하고 지원을 아끼지 않는 아름다운 아내 손현주와 세상에서 가장 예쁜

딸 다현이, 그리고 세상에서 가장 잘난 아들 승후에게 미안하고 고맙다는 말을 전하고 싶다. 책에 등장하는 인물은 실명을 거론하기도 하고 익명으로 처리하기도 했다. 책에 등장한 분들, 비즈니스를 하면서 도움을 받았던 분들과 출간의 기쁨을 나누고 싶다.

적을 만들지 않는 대화법
사람을 얻는 마법의 대화 기술 56
샘 혼 지음 | 이상원 옮김 | 전미옥 감수
280쪽 | 12,000원

함부로 말하는 사람과 대화하는 법
괴물과 싸우면서 괴물이 되지 않는
대화의 기술
샘 혼 지음 | 이상원 옮김
264쪽 | 13,000원

심리학, 미루는 습관을 바꾸다
자꾸만 미루는 습관을 이기는 심리 훈련
윌리엄 너스 지음 | 이상원 옮김
232쪽 | 13,000원

기억력, 공부의 기술을 완성하다
내 머릿속에 성공 엔진을 달아줄
창의적 기억 훈련법
군터 카르스텐 지음 | 장혜경 옮김
246쪽 | 14,000원

소비자의 기억을 잡아라
기억네트워크 관점의 전략적 브랜드 관리
김지헌 지음
280쪽 | 14,500원

크리에이티브 마케터
시장은 찾는 것이 아니라 만드는
것이다
이문규 지음 | 224쪽 | 13,000원

브랜드, 행동경제학을 만나다
소비자의 지갑을 여는 브랜드의 비밀
곽준식 지음 | 336쪽 | 15,000원

영업의 고수는 어떻게 탄생되는가
세일즈 전문가 45인이 털어놓는
최강 영업력의 비밀
마이클 달튼 존슨 지음 | 이상원 옮김
296쪽 | 14,000원

스마트 소셜 시대, 어떻게 창업할 것인가

초판 1쇄 발행 2014년 3월 10일

지은이 윤상진
펴낸이 박선경

기획/편집 • 권혜원, 이지혜
마케팅 • 박언경
표지 디자인 • 호기심고양이
본문 디자인 • 김남정
제작 • 디자인원(070-8811-8235)

펴낸곳 • 도서출판 갈매나무
출판등록 • 2006년 7월 27일 제395-2006-000092호
주소 • 경기도 고양시 덕양구 화정로 65 2115호
전화 • (031)967-5596
팩스 • (031)967-5597
블로그 • blog.naver.com/kevinmanse
이메일 • kevinmanse@naver.com

ISBN 978-89-93635-45-4/03320
값 15,000원

• 잘못된 책은 구입하신 서점에서 바꾸어드립니다.
• 본서의 반품 기한은 2019년 3월 31일까지입니다.

이 도서의 국립중앙도서관 출판시도서목록(CIP)은 서지정보유통지원시스템 홈페이지
(http://seoji.nl.go.kr)와 국가자료공동목록시스템(http://www.nl.go.kr/kolisnet)에서 이용
하실 수 있습니다.(CIP제어번호: CIP2014004902)